人物叢書

新装版

江《え》藤《とう》新《しん》平《ぺい》

杉谷　昭

日本歴史学会編集

吉川弘文館

江藤新平の肖像（文久2年，29歳）（江藤家所蔵）

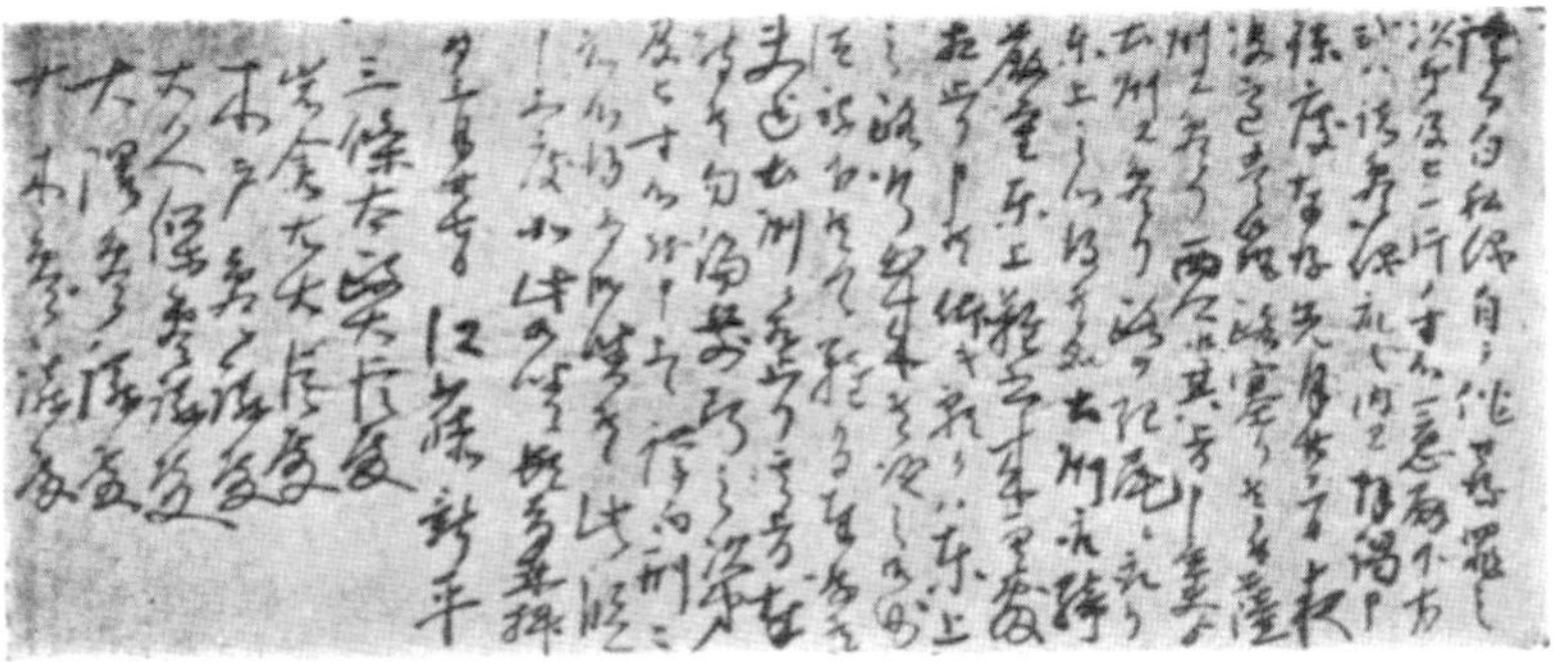
江藤新平
三條太政大臣殿
岩倉右大臣殿
木戸参議殿
大久保参議殿
大隈参議殿
大木参議殿

江藤新平の書状（本文234ページ参照）

江藤新平の墓（墓碑銘は副島種臣筆）（佐賀市西田代町本行寺）

はしがき

〝佐賀の乱と江藤新平〟――この言葉は、明治をふりかえるものが誰しも頭に思い浮かべる言葉である。近代史がすべてそうであるように、この言葉の内容もあまりにも周知のこととされている。しかしそれは表面的でしかありえないが、そこにまた近代史の難かしさがある。みんなが知っていると思いこんでいること、それを、たとえ同じ結論しかでない場合であっても最初から正しく積み直すのである。

江藤新平の伝記は数冊でているが、まとまったものとしては、大正三年に的野《まとの》半助によって書かれた『江藤南白』上下二巻が挙げられるにすぎない。しかもその伝記は大隈自身が編纂に加わっており、江藤は藩主とともに語られなければならないところからおのずと制約がある。貴重な資料も豊富であるが、文語体の本文すら読みづらい。

いま新しく『江藤家文書』が公開され、官公庁の公文書を見ることも便宜を与えられ、書き改める好機である。

江藤は下級藩士の家に生まれ、明敏なるがゆえに強い意志力を養わざるをえない位置に疎外された。それでもなお彼は「藩的世界」に生きた。彼ほど「藩」から束縛をうけたものは、幕末以来の志士とよばれた人々のうちにも見出されない。したがってその「世界」とともに消え去った。佐賀の乱は彼の宿命的な総決算であった。しかし彼をそのように歩ませた別の力があったことをも知らねばならない。それは佐賀藩そのものであり、藩主直正その人であった。江藤の歩みは佐賀藩の歩みと相互に関連しながら進められた。

だから江藤に対する興味はまた肥前佐賀《さが》藩に対する興味であり、薩・長・土らによってはなばなしく展開された幕末明治史の蔭にあったその藩、ならびに歴史の表面にでなかったものの意志をみつめる興味ともなる。

佐賀藩も終焉《しゅうえん》は、はれやかであった。江藤も同じくはれやかであった。しかし自分で自分の生命を断つような最後となってしまった。

そこで江藤を単に悲劇的主人公として語るだけではなく、知と意との人間像として、また彼をそのような結末へ追いこんだいろいろな条件を見出しながら書いてみるつもりである。

終りに恩師森克己・竹内理三両先生の学恩に対し心から御礼申し上げる次第である。

昭和三十七年二月

杉 谷 昭

目次

口絵

挿図

一　江藤新平の誕生

平胤雄

天保五年（一八三四）二月九日、江藤は肥前国佐賀郡八戸《やえ》村（佐賀市八戸町）に生まれた。西郷隆盛の誕生におくれること七年、大久保利通におくれること四年、大隈重信にくらべると、四年前であった。幼名は恒太郎・又蔵、後には字《あざな》（通称）を新平で通した。嘉永元年（一八四八）、十五歳で加冠、成人して胤雄と名のり、明治以後の彼の署名には常に「平胤雄」とある。また「胤風」とも伝えられるがあまりみられない。号は南白または白南といった。

千葉氏

江藤氏の祖は、肥前国小城《おぎ》郡晴気保《はるけのほ》の地頭であった千葉常胤の末、六郎左衛門胤晴といわれ、天正年間、竜造寺隆信につかえ、のちに鍋島氏につかえたが、家運衰えて、新平の父胤光は手明鑓《てあきやり》の家柄であった。

手明鑓とは佐賀藩固有の制度であって、城島正祥《じょうじままさよし》氏によれば、元和六年（一六二〇）の藩における行政整理のとき、侍で「当分御用に相ひ立たざるもの」について現米五十石以下の知行を召し上げ、御蔵米で現米十五石を給し、平時には無役《むやく》、戦時には鑓一本具足一領で出陣することに定め、侍二百余人を手明鑓にしたことに始まるという。元禄以降になると猟方役・徒士《かち》が手明鑓になって昇進するようになり、侍と徒士との中間の身分をあらわすようになる。そして平時においても役方を勤めるようになって飯米・役米・合力銀を支給され、また戦時における武器も鑓でなく幕末になると石火矢《いしびや》役を担当するように変った。住居も城下町に規定され、藩主入部《にゅうぶ》のときは祝儀の酒も城中で拝領するようになって、侍とほぼ同格の扱いをうけるようになっていたという（『芸林』第六巻第二号所収）。藩の財政困難から作りだされたもので、富商や地主なども手明鑓の名で士分となるものもいたようで、幕末の革新的勢力ともなったのである。その数は、弘化二年（一八四五）の総著到《そうちゃくとう》（藩の軍事編成）

によると、士が千百八十八家に対して手明鑓は八百八十八家であった。

父は郡目付役

江藤の父も手明鑓でありながら郡《こおり》目付役の役柄であった。しかし生まれつき剛直で豪放であり、郡目付の職をおろそかにし酒を好み、義太夫をうたって郡村民の人望はあったといわれるが、免職となり、妻の浅子（浦氏）の実家の力を借りて小城郡晴気村に移住した。

母は寺子屋で教える

新平が十二歳のときである。転宅する費用にも困難な状態であったが、家財を売り払って移居し、寺子屋を開いた。しかしながら父は浄瑠璃《じょうるり》や囲碁《いご》を教えるようなことで非難をうけたので、漢学の素養のあった妻が、実際には教壇に立っていたのである。新平には弟源作・妹栄子の兄弟があったが、その教育はすべてこの母によってなされたものである。藩校弘道館に入学するまで、この母のもとで「四書五経」などを授けられた。

弘道館

この貧困の中でこの母からはげまされ、好学心に燃えた新平は身なりをかまわず、ひたすら読書に熱中し、家事を助けることすらしなかった。当時、弘道館の課業法では、六―七歳で外生(小学生)として入学し、十六―七歳になると内生(中学生)となり、二十五―六歳で卒業して藩吏に採用されるのが普通であった。新平は貧困のため外生とはならず、十六歳で内生として入学し、蒙養舎に寄宿することができた。寄宿料が一日に米五合・銭十二文宛であり、微禄の子弟には困難なことであった。新平が入学できたのは母の助力もあったが、嘉永二年(一八四九)九月、父胤光が再び復職(佐賀代官)することができ、のちに貿品方に任ぜられるようになったからである。

しかしそれでも生活は苦しく、学舎に納米が満足にとどかなかったので新平は菜《さい》料(育英資金)による菜だけを食べて意気昂然《こうぜん》としていたと伝えられていることから、その貧困な状態は察することができる。

このような逆境で母に示したといわれる七言絶句に、

吾が祖の威名、久しく熟聞《じゆくぶん》す。
刀鎗《とうそう》千隊、三軍を掃ふ。
雲蒸霧変《うんじようむへん》、何《いず》れの日か知らん。
誓ふ、微軀《びく》を以て勲《くん》を画策《かくさく》す。

とあった。母からこの詩をつくったわけを尋《たず》ねられて、新平は「祖先は武功によって歴史上有名であるのに、今や不幸にして家運は衰えている。自分はどんなに努力してでも家運を挽回《ばんかい》するつもりだ」と答えた。

弘道館退校

父の復職以来家は佐賀城下（佐賀市）本行寺小路《ほんぎようじこうじ》に住み、自身は弘道館にあったが、朱子学と『葉隠論語』を中心とした保守的教育の窮屈な学制に反抗

新平の生家（佐賀市八戸町。改造後）

し、枝吉神陽《えだよししんよう》の尊皇論に傾倒してついに安政元年（一八五四）、弘道館を退校した。

退校に前後して世界の大勢に眼を向け、「鄂羅斯《オロス》を諭《さと》す檄《げき》」『図海策《とかいさく》』などを書き、弘道館改革から藩政の改革に働きかけようとしていたのである。かくて蘭学修学を命ぜられてもそれに服しなかった。当時、弘道館の優秀生に蘭学を奨励したが、無息（二・三男）や手《て》明鑓《あきやり》には強制的に修学を命じた。これも当時の蘭学が佐賀藩では火術研究の学問であったことから、それを実際に担当する手明鑓階層に強制したと思われる。新平も安政六年（一八五九）には

生誕地記念碑（生家の一隅にあり）

火術方目付
代官所手許
貿品方

「御火術方目付」に任ぜられている。二十六歳のときであった。翌年(万延元年)には上佐賀代官所手許に転じ、文久二年(一八六二)春、貿品方となり、大阪に出張して藩の物産を販売する貿易事務にたずさわった。

新平は微禄の家に生まれ、貧苦に堪え、下級武士の宿命につきまとわれて成長したが、その成長期・青年期には時代の大きな変動と、藩の動揺の中で、もまれて過したのである。

二　藩主直正

新平の時代は、藩主鍋島直正（閑叟）の時代であった。

鍋島氏

島原の有馬氏との戦いに竜造寺隆信が戦死するとその重臣であった鍋島直茂はその跡を継承し、朝鮮の役に活躍して、幕府開設以後は家康の信任をうけ、肥前国のうち三十五万七千石余の知行を得た。直茂の子勝茂が第一代藩主となり、第十代目が直正である。

直正は文化十一年（一八一四）十一月七日、江戸藩邸で生まれた。文政二年（一八一九）、六歳のときから、儒者古賀精里の子穀堂が御側頭《おそばがしら》となり教育されている。

長崎防備

それよりさき文化五年にイギリス軍艦「フェートン号」が長崎港に現われ、薪水《しんすい》を強要し、長崎防備に当っていた佐賀藩はその責任を迫られて番所役人は死を与えられ、藩主は厳罰を受けたことがあった。このことは、単に責任問題としてではなく、レザノフ以来（長崎来航 文化元年）、外国勢力の圧力を最も強く痛感した点で藩に危機感を与えたと考えられる。

御馳走米
米筈

さらにこの長崎防備の莫大なる費用と、華奢《かしゃ》・贅沢《ぜいたく》の浪費による藩内諸経費および江戸藩邸費の膨張とによって御馳走米《ごちそうまい》（一門家老以下総家中の知行のうちから歩掛による献米）を増加し、米筈《こめはず》（米券であり券面の米を時期を定めて給付する兌換証券）を乱発して銀相場を騰貴させるなど藩財政は極度に苦しくなっていった。文政三年（一八二〇）に発行した米筈は十万石余、銀一匁が銭八十文から三百八十文となり、文政五年には六百六十文に達していた。一升四十文の米筈が、わずか二－三文でしか通用しなかった。

相続米渡り

献米・献銀のほかに相続米渡《そうぞくまいわた》り（家中の切米を総て没収し、毎家の生活費だけを祿高により給付）を実施して千石以上は高の二分、百石から五十石までは高の四分四厘というような割合で渡した。

天保元年（一八三〇）直正は十七歳で家督を継いだ。文政十一年の大風水害後における藩財政困難のため佐賀入部《にゅうぶ》の費用さえない有様であった。そこで入部後の新政として倹約令を申し渡し、これを根本方針とする財政改革に着手した。

小物成所

まず最初に文政四年以来、変則的に小物成《こものなり》の収入まで物成《ものなり》と一緒にして濫費していたのを旧制に復した。従来、佐賀藩法としては、藩政府の経費はすべて蔵入《くらいり》物成《ものなり》によって賄《まか》ない、小物成の収入は軍事費に宛てていたのである。この小物成が小物成所に備えられるようになったことは、その後の巨額にわたる長崎防備・建艦等の軍事費の源泉になったことはいうまでもないが、その反面、藩政府の財政窮乏の補助財源が絶たれたので、財政はますます苦しくなるばかりであった。

古賀穀堂の「済急封事」

翌天保二年、直正の幼時からの御側頭、古賀穀堂は「済急封事《さいきゅうふうじ》」（急場を救う機密の意見書）を藩主に示した。以後の直正による藩政改革は、ほぼこの「封事」にもとづく点が多くみられる。その条文をみると（『鍋島直正公伝』所収）、

改正の功、最早や見ゆべきに、一年を越へたるも、大旱《たいかん》（ひどい日照り）の雲霓《うんげい》（雲と虹）を

望みてやうやくいたるも一点の雨ふらざるが如きは残念の至なり。

とまえがきにあり、手きびしい。人材の選用を強調し、武士・農民ともに勤倹をすすめ、嫉妬《しっと》心・優柔《ゆうじゅう》不断・負け惜しみなどを三病と名づけて排除し、

ただ今日の手数《てかず》（形式）ぐらいにて何事もすむように思ひ、己《おのれ》を修め人を治むるの攻究なく、あいだには士鑑用法を聞き覚え、天下の事はこれにてすむと存じ、または『葉隠《はがくれ》』一巻にて事足るやうに存じ、

というように、保守的弊習をいましめている。また公論を重んずることを、

何かの存じ寄りを飽くまで言はせて御議論あり、万一僻見《へきけん》に固まり、道理に逆《さか》らふことは御意見ありて然るべし。

と述べている。最後に経済政策として、

当今、人毎《ごと》に金銭御差支の事を甚だ気の毒に存じ、国家の危急此上なき事と申すは尤もなれど、ただ愁嘆《しゅうたん》のみにて急速に之を立直す議論処置は足らぬや

うなり。また眼前の御目安《めやす》、よんどころなき入費を見てもはや此上は献金調達等に、ただざま、下を朘《ほそ》りて金を出さするより外は他策なきやうに申すことあり、これ甚しき拙謀にて、それにては治国の策は絶へて無しといふべし。

と寔《まこと》に従来の政策に強く反省を求め、積極的施策の必要性を説いている。物成《ものなり》以外に、

御掛硯方《おんかけすずりかた》（藩主の内庫）は専ら御側の入費、第一は不意非常の備に、別段貯蓄あることなれども、油断すれば内廷奢侈の用になること多きゆゑ、よくよく御心を用ひられ、御山方など国産の格別に国の潤《うるお》ひとなるべき事をば、よく〳〵

新 平 の 母

吟味して手を着けられ、云々。（後略）

と殖産興業を六府《ろっぷ》方《かた》（山方・牧方・陶器方・搦方・貸付方・講方）の役所を中心に進め、小物成の増収を計画した。また新田開発、奢侈の禁止による国産奨励を説いた。穀堂はいよいよ信任をうけ、天保三年以降、藩政の諸般にわたる直正の改革を助けたのである。

六府方

しかし、天保七年、直正の改革が端緒にあり、完成充実を見ないままに九月二十六日、古賀穀堂は病没した。

幕政改革

このような佐賀藩の藩財政窮乏とその改革は、天保期の幕政改革、各藩の個々の改革と相互関連のうちにながめなければならない。

享保・寛政の改革にひきつづき、幕府の改革は天保十二年（一八四一）に老中水野忠邦によってはじめられたが、その積極的断行にもかかわらず、株仲間の禁止、大名・旗本の領地整理案を発表するに至ると、怨嗟《えんさ》の声と非難・不満とが爆発して、わずか二年で改革は不成功に終った。

遠山茂樹氏の『明治維新』によれば、「幕府の天保改革の惨《みじ》めな失敗は、第一に幕府機構の腐敗と、その建て直しに耐える柔軟性が欠如していたこと、第二に幕領が全国に散在しており、農民の掌握が不徹底であったこと、第三に幕領の中心部分である関東及び近畿の地帯が、地味の豊穣《ほうじよう》に加えて、比較的に貢租の負担が軽く、商品経済が割合に発達していたことにある」とし、また「この幕政改革の失敗こそ、藩政改革に一応の成功を収めた西南雄藩に対する敗者たる運命を烙《らく》印《いん》づけるに至ったものであった」と説明される。

諸藩の改革

諸藩の改革は、幕政のそれより先んじて行われた。水戸・薩摩は天保元年（一八三〇）、さらにふるく文政十年（一八二七）に始まり、長州は天保九年である。佐賀藩も一応、天保元年―二年に始められたと考えてよい。

これらの改革の間に、急進的な改革者意識をもつ下級武士が、庄屋・地主・商業高利貸資本などと結んで、門閥制度の中にある上級武士に代わり、藩の実権を

下級藩士改革派

握るに至る過程がみられるが、遠山氏も「天保時の藩政改革の施策の中に見られた純粋封建反動的方向と、絶対主義的改革の方向との混在が、年と共に次第に明治維新の本来的方向へと確定されるに至る過程は、下級藩士改革派の主導権が打ち樹てられる過程に外ならなかった」（『明治維新』）と述べておられる。

封建反動

いま佐賀藩の改革も天保期のみを考えるとき、直正主導の天保改革は、藩体制の強化、殖産《しょくさん》興業による増徴、藩士の生活救済程度の享保・寛政改革的な封建反動の限界を出なかった。前山博氏によれば、「そこでは、累積した藩財政の赤字は天保期に至っても依然解消されることなく、また積極的ないし効果的な改革の片鱗《へんりん》を見出し得ず、危機打開のための方策は、（中略）全体として単純な封建的反動としてあらわれているにすぎない。また一般に藩政改革、殊に幕末期のそれを論ずる場合に改革を主導する勢力ないしグループが重要な問題のひとつとなるが、佐賀藩の此の段階においてはそれは顕著な、すくなくとも具体的に『改革派』の形では発見できないように思う。藩主を頂点とした身分秩序に支えられた藩の権力機構そのものはまだそれほど混乱してはおらず、したがって「改革」はいわば上からのものとして貫徹している如くである。（中略）しかしながら、或る藩士層を代表し改革を推進するいわゆる改革派はまだ形成されていずとも、改革の要求――特に経済的窮迫からの脱出は家臣団一般の要求であったことは疑問の余地のないところである。」（『郷土研究』第八号）。

上からの改革

このような藩政改革期（天保期）に江藤新平は下級藩士の家に生まれ、成長するに及んで、この動揺と改革との中で危機感を充分に味わい、改革派としての理念を見いだしていく。直正による改革は、天保よりも嘉永・安政期に徹底した形で行われ、藩権力の強化と軍事力の近代化とは実現されるのであるが、維新史上では停滞をみせ、改革派武士を吸収し得ないで、倒幕運動には消極的であった。

改革派と弘道館

江藤をはじめ、大隈・副島（臣種）らが、直正主導の幕藩体制強化の改革に対して、進歩的改革派としての理念を見いだしたのは、藩校弘道館においてであった。

三　弘道館

佐賀藩藩校弘道館は、天明元年（一七八一）古賀精里を中心に建てられた。

古賀精里と朱子学

当時、古賀精里の朱子学派と、長尾東郭の応用学派との対立があったが、幕府ならびに藩主の裁定によって朱子学を正科とした。二百五十石を以て経費にあて、内生寮に定詰《じょうづめ》（寄宿生）の学生を入れ、拡充局を通学の所とし、蒙養舎に外生《がいせい》（童生）を教え、長屋を武芸の道場とし、講堂には式日を定め講釈を開き、毎年一－二度学館頭人《とうにん》によって内試《ないし》が行われ、その優秀な学生はさらに国老によって会試《かいし》が行われ、藩政の諸職務に任用される規定になっていた。

異学の禁

古賀精里は藩主治茂《はるしげ》（直正の祖父）に特に信任をうけ、政治顧問となり学館教授に当ったが、松平定信に招かれて寛政三年（一七九一）江戸の昌平黌《しょうへいこう》で講義をすることになり、同八年、幕府により儒者衆に列せられ、異学禁止に一役かって尽力した。

異学の禁は、儒学（朱子学）が思想統一による政治統一を目ざすものであることを示し、学校教育は学問統一と同時に政治機関としての機能を達成するために発展成長していった。

「学制管見」

前にも述べたように精里の長子、穀堂は直正とともに時勢の変化に応ずる藩政改革を行おうとした人物であった。父の出京後は学館の中心となり藩治の根本をたてようと誠意をつくしたが、学館の教育も次第に形式化し、効果が挙らなかったので、藩士たちも文武ともに怠り、学館は衰微しようとしていた。

そこで穀堂は文化三年（一八〇六）、「学制管見」を藩主斉直《なりなお》（直正の父）に提案した。その中に武士の生活態度について、

金銀を貸付け利分を貪《むさぼ》るは、武士道の廃《す》たれたるにて、士といへども実は町人なり。今は箇様《かよう》の習はしになりて、生来、講会《こうかい》証文の事にのみ専ら心を用

町人銀主

借銀

ふる故、間には殊の外《ほか》、貨殖《かしょく》して、町人もかへつて其の人に金を借ることある由。出家などは清浄無欲を主とすべきに、これも矢張り金銀の事に公事《くじ》（訟訴）を致し、貪欲邪智の振舞多し、これ畢竟《ひつきょう》、奢《おご》り強く、金の収入過分《かぶん》にある故、平生《へいぜい》、町人銀主と心安くなり、其栄耀《えいよう》の真似をする所なり。か様《よう》のものは武士の風俗を破る、仮令《たとえ》、職務に過誤なくとも、甚だしきもの二－三人を罰せば、風俗自然に改まるべし。尤《もつと》も極《ごく》微禄の三人扶持・五人扶持位にて、妻子を育《はぐく》み難き侍は尚ほ吟味あるべしと雖《いえど》も、其他の町人より金調を為し、拠所《よりどころ》なく手を下げて機嫌を取り、自然と武士の心薄くなるは是非なき義ながら、借銀せざれば端的《たんてき》（早速）差支ふ。これらのことも尚ほ吟味ありて武士の意気地を取失はぬ様にありたきなり（『直正公伝』）。

とあり、また『葉隠』には、

勘定者

勘定者はすくたれものなり、仔細《しさい》は勘定は損得の勘定をするものなれば、常に損得の心絶へざるなり、死は損、生は得なれば、死することも好かぬ故にすくたれものなり、学問者は才智弁口にて本体の臆病心など仕隠すものなり、人の見誤る所なり。

ともある。このように佐賀藩士らは、経済観念を極度に排除するよう教育されたのであるが、『学制管見』にもみられるように貨幣経済の進展に伴って町人の経済支配は強く、武士や農民の生活困窮がみられ、士風は頽廃《たいはい》しつつあったことも見逃がせない。

吉原太兵衛二千両献金

しかし一方では武士で理財に長じたものもあり、手明鑓《てあきやり》であった吉原太兵衛など、微祿から身を起し、木綿織物によって富を作り、文化二年（一八〇五）には藩に二千両を献納するほどであった。武士の極貧生活と、農村の荒廃、他方では町人の経済支配、武士の「勘定者」としての成功などは封建制をゆるがす原因となったことはいうまでもなく、この体制から抜けきることが、封建支配者層の急務とされていた。

『葉隠』

佐賀藩のなかには朱子学の他にもう一つの教学理念があった。それは周知のごとく『葉隠《はがくれ》』であった。

『葉隠』は明暦年間、鍋島勝茂に仕える六百石の武士であり儒学をもって藩主の顧問格であった石田一鼎《いってい》(一六二九―九三)の説いたものであり、常に「生々世々《せいせいせぜ》御家を歎き奉る心を入るゝこと是れ鍋島武士の覚悟の要門、即ち我等が骨髄にて候」と覚悟し、「成仏《じょうぶつ》などは嘗つて願ひ申さず」とし、「七生迄も鍋島侍に生れ出で国を治め申すべき」であるというのであった。石田の理念は山本常朝(一六五九―一七一九)と田代陳基《のぶもと》(一六七八―一七四八)とに受け継がれ、山本の談話を田代が記録したものが『葉隠』である。宝永七年(一七一〇)から享保元年(一七一六)までの七年間に成稿された。

「葉隠論語」

「肥前論語」「葉隠論語」とも呼ばれ、藩士の経典であったが、太平洋戦争中は、一藩を一国におきかえて、超国家主義思想の説明に利用されたことがあった。しかし本来は一藩限りの割拠主義でしかなかった。

鍋島至上主義

「釈迦も孔子も楠も信玄も竜造寺・鍋島に被管《ひかん》掛けられ無ㇾ之候へば、当家の風には副ひ不ㇾ申候」とする鍋島至上主義であった。

佐賀藩においては、古賀父子を中心とする朱子学派と、古賀穀堂をして「葉隠れ一巻にて事足る様に存じ、其外槍・剣等の一小枝を仕《し》覚《おぼ》えて心地《しんじ》を試すなどと言ひ、聖賢の道は上古の事にて、今当国の事は同様にならぬとの下心あり」といわしめた、論語に優先する「葉隠主義」とがあった。

天保十一年

天保十一年（一八四〇）直正は、前年、前藩主斉直（直正の父）の没後、改革の諸点で意見が合わなかったことも改められ、斉直生前の制約が解かれたためと、大塩の乱・唐津藩百姓一揆の影響、『俄羅斯《オロス》情形臆度《おくど》』『海防臆測』などを著わし『俄羅斯紀聞』四集四十冊を集大成してロシア関係の文献を収めロシア研究をまとめつつあった古賀侗庵《とうあん》（精里の第三子）から受けた影響等があって、直正の改革は海防を中心とする積極的改革に乗り出した。

その積極策の一つとして弘道館を拡張して、学館頭人《とうにん》を省き、執政鍋島安房《あわ》（直正庶兄）に兼任させた。藩政は学館を土台として強力に推進されていったのである。この安房を中心とする経学派（旧守派）に対して史学派とよばれるものが成立した。

枝吉南濠

文化・文政の頃、弘道館に枝吉種彰《えだよしたねあき》（南濠）（一七八七―一八五九）が教諭をしていた。文武両道に秀で国学・古典研究に励んだ。その長子が枝吉神陽（種経）であり、次子枝吉次郎は副島家に養子となり後の副島種臣《そえじまたねおみ》である。

南濠は古典研究・史学研究（『大宝律令』『古事記』等々）にもとづいて「日本一君論」を主張し尊皇論を唱えたが、朱子学と『葉隠』とによる佐賀藩教学綱領に対して傍系であり、

枝吉神陽

学館不振のときでもあった。長子神陽は、文政五年（一八二二）五月二十四日に生まれ、文久三年（一八六三）八月十四日没した。天保十一年には弘道館に学び、父の「日本一君論」を継承し、同十三年、二十一歳のとき江戸の昌平黌に遊学し、のち嘉永元

年(一八四八)拡張なった弘道館に帰り、草場佩川《はいせん》・武富圯南《いなん》・大園梅屋《ばいおく》・古賀素堂らとともに教官となった。

義祭同盟

ここに父南濠から受け継いだ尊皇論を唱道し、多くの弟子を得た。それが江藤新平であり、大隈重信であり、大木喬任《たかとう》・副島種臣・島義勇・中野方蔵らを中心とした書生達であった。神陽の実践活動としては、嘉永三年(一八五〇)、義祭《ぎさい》同盟を結ぶときに始まった。楠公崇拝にもとづく尊皇論であった。

江藤は嘉永元年、元服加冠し胤雄と名乗り、翌二年十六歳で弘道館に入学、大隈も同六年同じく十六歳で内生寮に寄宿することになった。この頃から彼らをはじめ、多くの書生たちは外国勢力の圧迫を痛感して、従来の朱子学と『葉隠』とによる弘道館の保守的態度に飽きたらず、その改革的な思想と行動の支柱を、この神陽の「反幕藩体制」に求めたのであった。

漸次《ぜんじ》に学生の増加するに従ひ、内生寮には学説に派別を競《きそ》ひ生じ、徳育よりは知識を進むる方向に走り、古式の経学を表とし歴史を裏として之に安んずるは、普通の生徒のみ。やゝ才力ある者は任意に活潑なる方面に向ひ、経書よりも歴史批評に趨《おもむ》きたりしを以て、前に述べたる如く、枝吉神陽・木原弘三郎等は、歴史より諸子を兼ぬる方面を開きて歴史学の唱首たるに至りしが、又増田広豊の水戸学を唱ふるに及んで、枝吉神陽は是を褊狭《へんきょう》なりとし、国学を表とし漢学を裏とし……かくて一方に和蘭窮理の新説称道せらるゝに至りて、愈〻学説の自由を余儀なくし、ここに種々の才力者輩出して各自の所見を発揮するに至りしかば、内生寮には種々の学説を唱へて羈絆《きはん》を逸し、先輩の教員を軽侮するものあるに至れり。

と『直正公伝』に伝えられているのが、当時の弘道館の実情であった。そのような雰囲気の中で史学派は主流を占めようとしていたのである。『直正公伝』にはさらに、されど嘉永以来、内生の俊秀生には、時代の変化に応じ、将来の活動のために有為《ゆうい》の才を養はんとて、史学に傾くもの次第に多く、水戸学風の国学を偏固としたる枝吉神陽兄弟の社中の如きもの次第に発達して、活潑なる勤皇論を主張するものを増加し、かの明治の初めに徴用せられたる副島種臣・大木喬任・楠田英世・大隈重信・江藤新平の諸士、其の他これに比する有為の才を輩出せしめたり。

とある。

枝吉神陽兄弟の社中

藩主直正の藩政改革が、積極的に推進されて、蘭学に基礎を置いた火術・精錬の西洋知識が発達するとともに、藩校弘道館が、その規模と内容とを拡充された時、従来、朱子学を中心とした経学派に対し、諸派があらわれ、枝吉神陽の史学派は、和学寮を皇学寮と改めることになり、尊皇論を唱道するかたわら、藩政改革を、直正とは別の方向から推し進めようとしたのであった。

皇学寮

四　義祭同盟

枝吉神陽の主導した義祭同盟とは、楠公に対する尊崇によって成ったものである。

楠公父子像

嘉永三年（一八五〇）五月二十四日、佐賀郡西河内村（佐賀市本庄町）の梅林庵に楠公父子の甲冑像を安置し、神陽は、その弟副島種臣、大木喬任・江藤新平らの同志十余人とともにこれを祭り、「義祭同盟」となづけて名簿を作ったのが始まりである。

この木像は、寛文三年（一六六三）、深江平兵衛信渓《しんけい》（玄安）が京都の仏師法橋《ほっきょう》宗南《そうなん》に依頼して完成し、佐賀郡北原村（佐賀郡大和町）の永明寺に祭り、そののち文化十三年（一八一六）高伝寺（佐賀市本庄町鍋島菩提寺）の楼上に放置されているものを発見修復したものである。

大隈も加盟

大隈重信も安政元年（一八五四）同木像が白山町八幡宮地内に安置され、楠公社と称

した際、十七歳で参加したが、その事情を、

> 楠公の像を祭るほどの事は、今日の思想では誠に易々《いい》たる業である。何も同盟を企てて運動を為すを要しない。けれども当時にあつては然らず。苟《いやしく》も事物の変更存廃を為さんには、全藩の異議を排する必要があり、従つて強固な団体と有力な運動とを要するを以て乃《すなわ》ち彼の同盟を組織するに至つたのだ。(中略)私は義祭同盟の人々と往復するの便を得て、その結果は多くの年長者を交友と為すを得るに至つた。後に至つてこの同盟中には政治界に立つて頭角を現はした者が少くない。されば私のこれに加盟したのは即ち私が世に出《い》で、志を立つる端緒と謂《い》ふてよい。(『大隈侯八十五年史』)

と述べており、当時の、挙藩体制に依らないでは何もなし得ないことを物語り、藩政改革も藩論統一によってはじめて出来るという観念によって行動していたことは江藤も同様であった。義祭同盟はこのような意味で藩政改革に強く働きかけ

『大隈伯昔日譚』

たのである。

『大隈伯昔日譚』によれば、

義祭同盟の上に就て考ふるに、吏員の多分は、此の書生団体より抜擢せられし者なるを以て、初めの程は能く活潑奮進し気力を保ち、一方に藩政を改革し、一方に士気を鼓舞《こぶ》し、大義名分の説を講じ、楠公の所為に倣《なら》ふて、皇室に忠義を致さんことを説きたれども、吏員の地位に在るの久しきに従て、謂《いわ》ゆる俗務に俗化せらるるもの多く、漸く職務外の事として集会を怠るに至り、遂に義祭同盟は、有力の門閥家なく、また吏員なく、ただ純然たる書生の集合体と為《な》り終れり。

とあることによっても、一藩の保守派はこの同盟が藩政に反対するものとして反感を抱いたであろうことは疑いない。のちには、同盟中に藩政の有力者・役人なども皆無の状態となったのである。

また『鍋島直正公伝』にも、

凡《すべ》ての学問はその裁決を「皇朝主義」の下に為《な》すべしと説示したり。（中略）日本一君の主義を推して大日本史を非難し、将軍家臣伝を置くは国の体面を失ふ。叛臣は日本になしとの論を主張す。朱子学においても彼は宋一代の大学者なれども人の知識を一人の見解に束縛すべきにあらず。古今に達識の人多し、元《げん》の郝敬《かくけい》の如きは世に目を矚《しょく》するものなけれど、亦《また》相応の識見なり、学識は一隅に拘《かか》はつて自ら狭隘《きょうあい》に陥るべからず等の議論を以て諸生を鼓舞したれば、当時、学校にあると否とを問はず有才の人は之に傾けり。

『直正公伝』

とあって、鍋島至上主義に不満を感ずるものが集まったのである。その徹底的な尊皇論について丸山幹治氏は『副島種臣伯』に、

鍋島第一主義の葉隠宗が佐賀藩の士族精神を化石せしめつつあつた時に於て、その藩主に対して自分を臣と称せず、単なる主に対する従だといふが如きは、

『副島種臣伯』

鍋島直正

尋常学究の夢想だに為し得る所ではない。これは革命的行動であつた。殊に倒幕論に於ては神陽先生は何人よりも唱首である。井伊大老が神奈川条約締結を断行した安政四－五年の頃は、尊王攘夷のスローガンは水戸を中心として起つた。その囂々《ごうごう》たる物議の中には将軍継嗣問題に関する不純の分子も含まれてゐた。少くとも尊王論の目標は井伊大老の排斥であつて、討幕の具体的の考へにまで進んでゐなかつた。薩長各〻公武合体を競争せんとしてゐた時代であつたのだ。然るに神陽・蒼海（種臣）両先生は、朝廷が将軍の継嗣問題に彼是いはるゝは無用である。此際むしろ「将軍宣下」を廃し、政権を朝廷に収めるがよいといふ説を以て実際運動を起した。

と述べているが、義祭同盟の性格をよく捉《とら》えているといわなければならない。

しかしながら藩主直正の佐幕的傾向によって、同盟の尊皇論は藩権力と結びえないで、藩政を支配するにいたらず、藩政改革にも直接的な影響は与えなかった。ただ「攘夷」と結びつくときに直正の線と同回路にあるのであり、尊攘運動は単なる排外主義ではなく、積極的に軍備拡張を基礎においた外征論にまで発展した攘夷運動であり、反面、軍備に裏付けられた開国論としても見なされるのである。

江藤新平の場合、攘夷のための尊皇とまで思われるものがあり、その点で直正を中心とする挙藩体制の中に依然として残り、藩体制を否定することは考えられず、「討幕」の段階にとどまったのである。それに比して大隈らは、公武合体論的方向を克服し、「倒幕」であると同時に幕藩体制の否定を決断することができたのである。そこに江藤と大隈が同じく義祭同盟から出発して、廃藩置県後に大きくはなれ、結局、明治七年(一八七四)に対立せざるを得なかった宿命的な相違点があると思われる。

江藤はあくまで佐賀藩士的であった。彼の攘夷論をまず取りあげて考える。

攘夷論

嘉永六年(一八五三)十月、江藤は「鄂羅斯《オロス》を諭す檄《げき》」を書いた。また十一月十八日、「魯西亜《ロシア》書翰和解《わげ》」を起草している。以上は『江藤家文書』(佐賀県立図書館所蔵二八九の一『方円雑集』所収)にあり、彼の攘夷思想をうかがうことができる。

海を分け境を正す

前者には、同年七月十七日、露使プーチャチンが長崎にきて国書を幕府に提出しようとしたときのことを取りあげ、「汝《なんじ》鄂羅《オロス》使、分海の願、正境の請《こい》、養衆安民においてまた何の益かこれ有らん。誠に愚《ぐ》戇《こう》蒙昧《もうまい》、我甚しく取らず、しこうして汝等これを請いて止まず、其れ以《ゆえ》あるなり。我知る汝の意、分海にあらずして必ず通商にあり。汝の心、正境にあらずして必ず争端にあり。甚しきかな、汝鄂羅の狡黠《こうかつ》なること」(原漢文)とあり、ロシアによる国際的危機感を強く表明している。

国際的危機感

このことは、長崎を通じて文化五年（一八〇八）フェートン号事件以来、イギリス・ロシアの植民地化政策を読みとることにおいて佐賀藩は直接的であったこと、また古賀侗庵のロシア研究を中心として、儒者流の夷《い》狄《てき》観がフェートン号事件に前後する頃から同藩に強かったことなどからしても藩論としての傾向でもあった。さらに、「汝鄂羅《オロス》、其れ宜しく海深の恩を顧み、山積の罪を思ひ、無益の請願を止め、至順の天理を守るべきなり。もし猶《なお》、我が言を聞かざれば、（中略）すなはち詔を四海に告げ、檄を七道に伝へ、倜儻《てきとう》の将に命じ、俊傑の帥《すい》に令し、貔貅《ひきゅう》の士を挙《あ》げ、虎豹《こひょう》の軍をひきい、もつて汝鄂羅を鏖《みなごろし》にせん。謹みて国長に報ぜよ。」とあった。その中段においては神武東征から秀吉の朝鮮出兵までの威武を書き、「汝ら宜しく敬礼する所あるべきなり。」というのであった。

「擬諭俄羅斯王詔」

江藤の檄文と類似したものに枝吉神陽の「俄羅斯《オロス》王を諭す詔《みことのり》に擬す」という文があったらしい。それによると（『副島種臣伯』所収）、前文に続いて、「文化元年、汝の国女主の遺使、長崎に至り、陸奥国《むつのくに》の漂民四口《こう》を送り、ならびに上表して市易《しえき》を請ふ。」(原漢文)とあり、レザノフの通商交渉を拒絶し、北方における暴行をうけたことを取り上げ、「今ここに嘉永六年、汝使者またいたる。蝦夷《えぞ》の境域を劃せんと請ひ、書辞無礼」として、「朕《ちん》、汝の君臣、昏迷《こんめい》無知なるを悲しむ」というのである。「古《いにしえ》より人の財を奪ふ者は人また其の財を奪ひ、人を利するの国は人また其の国を利するなり」とさとし、関白太政大臣藤原政道・将軍家慶・藩主直正らの名を「左近衛少将肥前守藤原朝臣」というようにいかめしくつらね、「貔貅《ひきゆう》十万、また二百六十大名のごときあり、尽《ことごと》く境土に列し」、「一挙にして汝の使者を梟《さら》し、再挙にして汝の国に深《ふか》まり、三挙にして、汝の都、伯的児孛児瓦《ペテルスブルグ》を墟となさん。汝それ朕が再誥《さいこう》せざるを悔むなかれ」というものであった。江藤の檄文はおそらく、この神陽のものから影響を受けたものであろう。

江藤も神陽も儒教的名分論にもとづく封建的イデオロギーであり、尊皇ではあっても討幕意識は生れておらず、討幕意識の生れてくるのは、通商条約締結後に強く表面におしだされてくる。嘉永六年の両者の攘夷論は、夷狄をいやしむことによってなされたものにすぎず、神陽などは、文化元年における「レザノフ」を拒絶した幕府(将軍)を個人的に「深慮遠謀」として称揚さえしているのである。

直正の攘夷論

藩主直正も嘉永六年(一八五三)七月、アメリカのペリーが通商を求めて来たのに対し、幕府から意見を問われ、意見書を提出したが、その書に(『直正公伝』所収)、「通商の事、素《もと》より御仕成の旨もこれあり、御許容あらせらるべき筋に決してこれなく」とし、

交易許可は偸安の策

「交易御許容なされ候は、一時の偸安《とうあん》の策にて、後来、不測の大害を御引出しなされ候機先《きせん》、疑なき儀に御座候」というのである。さらに、「恐れながら上《かみ》には、征夷大将軍の御職任にあらせられ候御儀に候へば、征夷の二字、まことに万世不易の御眼目かと存じ奉り候」といい、「断然、御打ち払ひに相ひ決せられ」たがよいと答えている。

この藩主の攘夷思想は藩論を形成する中心となったと考えられる。

日米通商条約

しかしながら、安政五年（一八五八）二月、日米通商条約議定にあたってふたたび幕府の諮問を受けた際には、「士気御振起あらせられ、昇平愉惰《ママ》の習は一新せしめ、御武威屹度《きっと》相ひ輝かし、蛮夷畏服致し候とほり御指揮あらせられ候やう存じ奉り候」（原漢文『直正公伝』）と、軍備拡充については前回と同じであったが、開国については、「右使節申立て候趣、一々容易ならざる儀のみに候へども、なかんづく、京都御開《おんひら》き相ひなりたきとの一条は、最も容意《ママ》ならざる事柄に付、右は何とぞ御峻拒あらせられたく存じ奉り候」とあって、京都開市を強硬に拒否したほかは、容認しているのである。時代の推移もあり、極端な攘夷論から開国論に移っていったと思われるが、嘉永の攘夷論も受動的なものではなく、積極的に外征にも及ぼうとするものであり、長崎の強化された防備に支えられ、常に進歩的な外交観を抱いていた。この嘉永から安政に至る間に最も陸海軍の充実を計っている。

京都開市

内戦外和論

これよりさき、嘉永の米国国書に対して、水戸・薩摩両藩主からは、「内さへ覚悟致し置かば、外は和を以て柔《なや》して、其れより兵端を開くも差支なし」という、いわゆる「内戦外和論」が出され、筑前藩主は長崎に限って貿易を許すべし、と意見を出した。

結局、内戦外和論に幕府は従ったのであるが、いずれにしても、直正が長崎防備に全力を挙げて努力しなければならない必然性は、いよいよ明確になっていったのである。

『船考』

安政五年以後、直正は急速に井伊大老に接近して天草に海軍所を設け、西国《さいごく》の軍事権を掌握しようとしたが、開国論を藩内に普及するために『船考』を編集させ、藩内の儒者に序文をかかせ、万延元年（一八六〇）八月に出版した。それらの序文（『直正公伝』所収、原漢文）のうち古賀精里門下の草場佩川《はいせん》は、「すなはち勝敗は人にあり、つまびらかに巨大堅牢の利に負ふべからず」として暗に西洋式の建艦を否定したが、

採長補短説

福田東洛は、「航海の技ますます進み、遂にその長ずる所を以て人をしのぎ、印度・支那など沿海地方、漸く蚕食《さんしょく》され、是れ、我が海国にありて、よろしく慮《おもんぱかり》を加ふべき所」と西力東漸《とうぜん》を認識し、「彼の長ずる所につきて、これを制するゆゑんの道を講ずるのみ、すなはち船の考の要となす」と西洋技術の採長補短説を主張している。

外征的攘夷

また尊皇論者で攘夷の強硬論者であった枝吉神陽は、「古《いにしえ》の善く国を守る者は、守るを以て守るとなさず、攻むるを以て守るとなすなり。それ鎖国なるものは、万全の形あるがごとくして、進取の勢なく、みづから守らんと欲して外侮を来たす。これ我が中将公の造船の議を惓々《けんけん》するゆゑんなり。」と外征的攘夷論を唱え、「鉄艦火船、攻守両資、すなはち設けて、にはかに藩国の朝貢を復することを得ず。なほ外侮の以て我が天皇の国を損することなからしめよ、これ衰世の志なり。」として尊皇論に裏付けられた軍備拡張論を述べている。これらのことからも当時の佐賀藩の傾向が、儒者流の夷狄観から採長補短の態度、攘夷から開国への過渡期にあったことが知られる。

江藤の開国論と『図海策』

　このような情勢にあって、安政三年（一八五六）、『図海策』を著わしたのは江藤新平であった。佐賀県立図書館所蔵の草稿、『江藤南白』（的野半助）所収のものによってみると、形成・招才・通商・拓北の四章に分かれている。まず「形成」の章からみると、

関東当路の人

　我倩《つらつら》、方今《ほうこん》の形勢を考ふるに、東夷西戎《せいじゆう》の、通商を願ひ薪水を仰ぐとて、数《しば》々《しば》諸港に来舶するは、蓋《けだ》し日本の情実を窺《うかが》ふならん。……しかるに関東当路の人らは、皆な一身の栄華に迷ひ、分寸の利慾に溺れて、賢良を用ひず、良策を聴かず、その為す事は一時の偸安《とうあん》に過ぎず、此《かく》の如くにして改めずんば、後、必ず救ひ難きの危急に陥らん事疑なし。……しからばすなはち鎖国せんか、曰《いわ》く否、もし国を鎖せば、彼等と戦はざるべからず。之を算するに、当

勝つべからざるの理

今の勢にては、日本彼等と戦へば、勝つべからざるの理五あり。……ただ良策といふは、まず当今の強国と和親を結び、宇内《うだい》の賢才を招きて、その用を給せしめ、軍艦を購《あがの》ふて海戦を練習し、通商を盛んにして国家を富ますに在り。

癸丑以来

とあり、外国勢力の圧迫とその強勢、鎖国することがむしろ戦争を惹起《じゃっき》し、敗北することも明らかであるので、「内戦外和」の態度が望ましいというのである。「嘉永癸丑《きちゅう》」の攘夷論からめざましい転向を示している。これは文久二年（一八六二）の江藤の「密奏の書」に、「癸丑甲寅《こういん》の年以来、幕府の処置、その筋を失し、調和その室を得ず、ややもすれば彼が虚唱に威《おど》され、彼が姦図《かんと》に陥り、神州未曾有《みぞう》の大汚辱《おじょく》を取り候」とあるように、嘉永六年以降のアメリカ・ロシアの通商貿易要求によって、海外勢力の意図と実力とを見せつけられ、他方では幕府の態度・処置を難じ始めて来たのであった。対外政策の重大視とともに、尊皇論はたかめら

尊皇開国

れ、直正が井伊と接近することに反対の立場にあり、やがて文久年間には「討幕」を主張し、脱藩出京するに至るのであった。そして尊皇攘夷は尊皇開国と発展したのである。

人才は天地の宝

次に『図海策』「招才」の章には、

それ人才は天地の宝にして、万民の司令なり、是《こ》の故にこれを用ゆる者は栄え、用ひざる者は、或は亡び、或は削らる。……武臣、権を専らにせしより以来、今に至るまで七百余年、その間、人才多く出《いで》たれども、大概、豪傑は忌みて用ひず、愚将はこれを知らず、今に至りて猶然《なおしか》り。……日本中は勿論、世界中の人才を招き集《つど》いて用ひんか、その器械に長ずる者は器械を作らしめ、兵に長ずる者は兵を司《つかさ》どらしめ、医に長ずる者は医を司どらしめ、舎密《セイミ》(化学)に長ずる者は舎密を司どらしめ、拓地に長ずる者は地を拓《ひら》かしめ、その他、天文・地理・測量、何《いず》れにもせよ、その長を捨てずしてこれを用ふべし。……

と人材登用を強調している。

通商

「通商」の章では、

……故に有無相通じ、窮達相弁ずるは、則ち皇天の心を奉行《ぶぎょう》するの道にして、仁民の至りなり。かつまた航海通商の業を務めば、啻《ただ》にその国を富ますのみならず、平常、太洋に浮かみ、幾多の暴風・逆浪、及び海賊・強寇等の危難を凌ぎ往来するを以て、その士衆、おのづから勇になりて、軍役などに出でても死を畏れず能《よ》く戦ふものなり。……諸州物産の軽重を考へて有無相通《あいつう》じ、以て互市《ごし》の利を収《おさ》むべし。然らば国富兵強なるのみならず、世界を震動すること、豈《あ》に「イギリス」の比ならんや。

国富兵強

と述べ、通商貿易と、海軍力の強化とを同等に論じている。当時の開国論が軍備の裏付けにもとづくことが、ここでも充分知られる。

蝦夷開拓

「拓北」の章では、蝦夷《えぞ》(北海道)開拓の方法と経済的・軍事的意義とを述べ、鄂羅《オロス》

計略を最後の目的にしている。開拓の方法としては、

　六十余州の無頼の徒、及び大法を犯《おか》せる罪人を、諸州に募りて土に着かしむ。

と述べ、ロシアの東方経営について、

　鄂羅《オロス》の新都を去ること、ほとんど六―七千里にして、実に鄂羅国東方極所の出岬《でさき》なり。しかうして彼《か》の英主「ペートル」、ついに宇内《うだい》を併呑《へいどん》するの志ありて、此の岬《みさき》より西北の方、二百余里、「オホツカ」に声援を構へて、以て東北の大利を収め、ますます諸島を開拓し、此の南港を以つて東洋諸国を経略するの根本とす。

と看破《かんぱ》している点など、古賀侗庵を中心とする佐賀藩におけるロシア研究の程度を示すもので、「蝦夷を開拓するは、唯《ただ》富国広業のみならず、鄂羅を計るにも便利なるなり」と末尾にも述べているように、詳細なシベリア東部経略について案を抱き、積極的攘夷（外征）の態度をも示している。前にも書いたように、江藤らの

攘夷から開国への転換は、安政以後において儒教的排外主義から脱皮して、漠然とではあるが、日本の半植民地化の危機感からくる民族主義にもとづいて統一的な近代国家を確立しようとする近代的ナショナリズムの萌芽をみようとする位置にあった。

江藤のナショナリズム

もちろんここでいうナショナリズムは近代的民主主義国家におけるそれを意味するものではなく、絶対主義的統一政権への方向を有する上からの統一、海外侵略などをふくむ段階のものであって、明治の征韓論につながりをもち、自由民権へは充分に発展しえなかった江藤の宿命の発端であった。その意味では前期的ナショナリズムとでもいうべきであろう。

直正と公武合体

当時、藩主直正は井伊直弼と接近し、水戸の徳川斉昭とは姻戚関係にあったにもかかわらず、将軍継嗣問題については井伊派に属し、佐幕的傾向が強かった。桜田門の変以後においても、参預会議に、田安慶頼から強く招請されたけれども、病気と称し、「職外の筋においては如何様に御尋問御座候とも、愚存申し上げざる心得に御座候」と断り、長崎御番を口実に応じなかった。いわゆる公武合体論派には属しているとはいえない。従来、直正の佐幕的傾向を、公武合体派と位置づけをしているが、それは彼の伝記的著述によるものであり、軍事力にもとづく幕権確立によって、国家の独立を期したもので、島津久光・松平慶永《よしなが》らの雄藩連合政権を目標とし、幕権を削減しようとする公武合体論とは異なるものであった。

幕藩体制の否定

佐賀藩においてもこの公武合体論の立場に立ち、大久保利通や横井小楠などのように藩政改革に参加しながら、次第に幕藩体制を否定して、絶対主義的統一政権確立の方向へすすみはじめていた大隈重信がいた。直正の佐幕的・軍事的藩政改革は大隈をかろうじて包含していたが、文久年間以後は、大隈が公武合体派の立場から直正のもとを去り、慶応年間の大政奉還運動に至る間のヘゲモニーを握って、公武合体派の久光らとも対立していくようになった。佐賀藩のこのような、佐幕的藩主直正、改革的公武合体派の大隈などの間にあって、江藤や枝吉神陽らは大橋訥庵《とつあん》一派と連繫をもって尊皇論を唱えたが、江藤は他と異なり、狂信的な夷狄思想でもなく、単なる名分論でもなく、また「討幕」であっても、天皇親政を目標としていながら、藩体制を否定できず、いわゆる絶対主義的統一政権への方向について、はっきりとは見定めていなかった。

当時、江藤も大隈らも直接に藩政改革には参加できず、藩論を統一的に公武合体とも、尊皇開国とも結集することは不可能であった。『大隈伯昔日譚』にも、

当時、閑叟(直正)は、何事にも自己の考へを以て之を独断して吩咐《ふんぷ》したるを以て、その全体の真意を審《つまびら》かにしたるものは、ほとんどあることなし。……因《よ》つて彼は、自然に何事も独断するの習慣をなし、藩中はただ命《めい》をこれ従ふの状態となり、機械的・傀儡《かいらい》的に運動したるに過ぎず。……江藤は夙《つと》に藩内の事情を察し、藩の力を挙げて、皇室の為めに尽さんことは、その当時におい

て頗るなし難きを知りしを以て、先づ自ら京紳《けいしん》等の心を動かし、内外相応じ以て閑叟の心を動かさんと欲し、蹶然《けつぜん》脱落して京師に入りたり。

と述べているとおり、直正を中心とする藩の有司たちは、改革派の人々に耳を借さなかったのである。大隈らが桜田門の変以後、水戸派と連繋し、雄藩連合を企図したことも受け入れられず、同じく公武合体論の上に立って征長の役を拾収しようと藩に説いたがやはり無駄であった。江藤もついに脱藩して藩主を動かし、尊皇開国を迫ったのである。

彼はこれより前、安政四年（一八五七）、二十四歳で江口千代子と結婚し、同六年、御火術方目付に任ぜられ、万延元年（一八六〇）、上佐賀代官手許《てもと》に転じた。同年に長男熊太郎が生まれている。鉄砲足軽組頭（四〇〇石）の家に生まれた大隈は、蘭学寮に学び、長崎の致遠《ちえん》館で英学を学び、桜田門の変後には自費で同志数名と江戸に上る計画をするほど経済的に恵まれていた。それにひきかえて、もともと手明鍾の家格であった江藤は、生活に困窮し、慶応三年（一八六七）に郡目付《こおり》に任ぜられてから、もっぱら民政の事務官吏として、わずかな俸給で生活を支えなければならなかったのである。それだけに藩権力に依存度が高かったともいえる。大隈が木戸孝允《たかよし》や伊藤博文・大久保利通と接近していったのにくらべて、江藤は、在藩意識がとれず、「国家（藩）」の「この上なき御無事」を願い、皇室が諸藩の中心となって軍備をととのえ、夷狄にそなえるべきだとの論にとどまっていたのである。

ところが文久二年（一八六二）六月二十七日、大木喬任《たかとう》から費用を調達してもらい、江藤は脱藩したのであった。

五　脱藩出京

江藤が脱藩出京した直接の動機は、佐賀藩士中野方蔵が、大橋訥庵《とつあん》門下として、訥庵に連座し、獄死した事件であるといわれているが（的野半助『江藤南白』）、まず脱藩の際、藩政府に提出した具申書をみると（『江藤家文書』）、

藩府に上る書

伏して方今の形勢を推考つかまつり候ところ、当季春《きしゅん》以来、薩長両藩上洛に及び、列藩の諸侯、順逆おのおの分れ、諸方の浪人ども只管《ひたすら》に公武の間に周旋いたす由、ほとんど偃武《えんぶ》修文の秋《とき》にて御座なく候。

と公武合体運動についてのべ、その内政上の視点を狭いものと考え、さらに、

この事もとより方今の時弊、的（適）当の事にてはこれあるべく候へども、若し右に就いての処分悪《あ》しく、調和その宜しきを得ず候へば、土《ど》崩《ほう》瓦《が》解《かい》一時に来り、

或は姦雄、私計を営《いとな》むの媒《なかだち》と相成り、また夷狄逆図《いてきぎゃくと》の機を引き出し……

と内紛に乗じて外国勢力の侵略を警戒し、

調和その宜しきを得候へば、皇室の衰沈を挽回し、四夷猖獗《しょうけつ》の侮りをも防禦いたし、巍然《きぜん》、国威を盛大にし、太平の基本を相定め候事もまた難事にてはこれあるまじく、寔《まこと》に前条処分、調和の得不得《とくふとく》は実に神州の浮沈に関係致し候儀にて、

とのことから、「調和その宜しき得る」ことが目標とされ、その「調和」が問題ではあるが、それ以後の大半で述べるように、前期的なナショナリズムにもとづいた民族主義意識の強いものであった。「調和」とは、

たゞ〳〵大仁の心を懐抱《かいほう》して、諸事至誠より流れ出で、この心をもつて、皇室の基を相定め、国是を相立て候はば、いはゆる処分宜しきを得《う》と申すべき事にて当世の先務にて御座あるべく……

と、

尊皇論によって暗々のうちに幕府を否定しているかのようであるが、

幕府すでに和親に及び候ところ、鎖国の儀を固執これあり、ひたすらに夷狄拒絶の難題を申しかけ、窮鼠《きゅうそ》かへって猫をかむの勢を醸成《じょうせい》いたし、しいて内乱の端を造立いたし、天下万生(世)の大不幸を引出し候体《てい》の事これあり候ては、決して相済まされず、……

新平の夫人，千代子

と当時、「違勅の開国」を論点にしていた尊攘派の立場を批判して挙国体制を強調するところから、完全な幕府否定に踏み切ってはいなかったと思われる。

就いては薩・長の両藩、四方の浪士、不動の定論もこれあるべく候へども、その事、万一至誠の処分にこれなく、たゞ一時の功名に出で、或は夷を憎む激志より発し、恐れながら朝廷においても一時の快に乗じ、天下形勢の帰着を御勘考これなき事どもにて候はば、内乱外患、並臻《へいしん》の濫觴《らんしょう》を開き候わけにて、誠にもつて歎かはしき次第に存じ奉り候。

と京都における動静を批判、一時的な功名心、狂信的な攘夷、朝廷における攘夷的態度をも一時的な快を求めることを反省すべきであるとし、尊皇と討幕とは同質のものとは考えていない。

尊皇と討幕とは別

右鎖国の儀は、幕府初代の建議にて、皇代盛時の典型にてはこれなく、奈良の朝以前は皇徳の四夷に及ばざるをこそ、宸慮を労せられ候御事の由、因て唐国・三韓等の諸邦も皇徳に仰化《ぎょうか》し奉り候ほどに候へば、鎖国と申すは皇国の御国体にてこれなき事、粲然《さんぜん》明白に仕り居り候。

ともあり、開国を主張し、その外征的・進取的攘夷(開国外交)の論理的基盤を「皇代盛時の典型」に置き、それでいて幕藩体制を否定もしていない。むしろ民族的危機感から、挙国体制の中心に天皇制を考え、「内乱外患」を拾収しようとしたのであった。したがって「攘夷のための尊皇」という批評も生れて来るのである。また直接、佐賀藩に対しても、

功名挙達にあらず

かつまた小子、かくのごとく武門の端に加へ置かされ、殊に老親安食の賜《たまもの》をかたじけなくし、妻子凍餓《とうが》の患《うれい》もなく、海深嶽高《かいしんがくこう》、まことに述べ尽し難き御恩沢に浴し奉り候処、方今の形勢、前条の至義に相及び、自然、御国家に相関係候儀など出来る事も計り難く、……実に功名挙達《きょたつ》を相計り候儀にてこれなく候段、……もつとも薩・長その外、若し処分を失ひ申さず、方今の形勢を挽回し、盛大の世運を恢復し候定略これあり候事を能々《よくよく》見定め候はば、天下万世の大幸、御国家に於いても此の上なき御無事と存じ奉り候に付、前段の通り、帰郷の覚悟、申すに及ばず候。

という態度で、藩恩を強く意識しており、「御国家」のためをひたすらに唱え、藩を基盤と考えて、藩体制を決して否定してはいない。江藤にとって藩は「御国家」であり、藩の「世界」から終始、脱出することはできなかった。

直正の隠居

文久二年（一八六二）二月、藩主直正は隠居し、藩の主導権は子の直大《なおひろ》に移った。藩論統一は、京都における活潑な公武合体運動をよそに、かえって困難となり、江藤や大隈らの改革派はあせり始めたのである。そこで、中央に進出して挙藩的勢力によって「大局に当り、偉功を建てんことを企図」（『大隈伯昔日譚』）していたのであった。しかしこの頃、大隈は長崎の致《ち》遠《えん》館（英学研究）の学窓に副島とともにあり、実際行動に出てはいなかった。

江藤は藩校を退いて後、一官吏として生計の糧《かて》を得ながらも常に現実の社会に働きかけることを怠らなかった。そして改革派的立場から藩論統一をめざしたが、それの困難なることを悟り、直正が藩の主導権を直大に譲ったのを機に直接行動に出たのであった。

文久二年七月下旬、京都に出た江藤は、長州の長井雅楽《うた》が開国論をさげて幕府と京都との間を遊説し、公武合体を図り、一方では諸国から集まった尊攘派らが、この公武合体論と正面衝突をしている動乱の渦にまきこまれた。その動乱の中で江藤が着目したのは、三条実美とともに、京都の尊攘派の中心人物であった姉小《あねのこ》路公知《うじきんとも》であった。姉小路は実美《さねとみ》の父実万《さねつむ》に師父の礼をとり、その教えにしたがって朝廷貴族の佐幕派を一掃しようと努力していた。実万の死後、実美と共に尊攘派を牛耳《ぎゅうじ》っていたのである。島津久光の京都から薩摩への帰国後、岩倉具視・三条実美を越えて尊攘派の中心人物に推されていた。

姉小路公知

江藤も姉小路については、「京師見聞」(『江藤家文書』)に、「姉小路殿は、まだ御壮年ではあるが、才気能弁のお方だそうで、天皇の寵遇《ちょうぐう》も一と通りではない。」という意味のことを述べて望を嘱《しょく》したが、翌文久三年五月二十一日兇刃《きょうじん》にたおれた。

江藤は姉小路と会見し、佐賀藩の動静について意見をのべたことが知られるが、

姉小路との問答

『江藤家文書』「姉小路殿ト問答ノ始末」によると、

御尋《おんたずね》（姉小路）

貴藩御上洛の儀、如何にて候や、また国是《こくぜ》の裁決如何にて候や。

対《こたえ》（江藤）

僕も旧冬より病気に付、城下より引退、二十里ばかりの西の方、僻地へ立ち越し、養生まかりあり、それより直ちに上京したる浪人の事につき、旧冬以来の事、委細の儀は存じ申さず。しかし平日の覚悟は存じ居り候につき、およその所をお話し申上ぐべく候。一体、平日の覚悟は、これを要するに、天下のおんため筋にては、国力のあらん限りは相尽し候儀、国中平日の覚悟にて候。

平日の覚悟

御尋

しからば方今の時勢は、寔《まこと》に叡慮《えいりょ》を悩まされ候折柄については、一刻も早く御上洛の儀これを承《う》けず、それにても天下の為に御国力のあらん限りは尽しなされ候と申すものにて候や。

対

上洛と忠勤

何ぞ上洛の有無に因つて忠勤の厚薄を決し申すべきや。上洛して忠勤を尽し候もこれあり、国に居て忠勤を尽し候もこれあり。畢竟《ひつきよう》その藩の覚悟は、其の時の処置による事と存じ奉り候。

御尋

しからば、貴藩は上洛これなくとも、忠勤尽され候については、其の事は如何の儀にて候や。

対

長崎御番

二百年来、長崎御番相勤め、夷狄《いてき》防禦方の手当《てあて》については、保塞・鉄艦・大砲・玉薬《たまぐすり》の備え、数千の人数を同所に遣し置き、非常の節は精々おくれを取らざるよう、兼ねて手配致しおき、なかんづく夷人追々争端を開き候風説もこれあるについては、その手当、重々《じゅうじゅう》つかまつり置き候。右はもっぱら天下の御ため筋に国力を尽し候儀にてはこれなきや。かつはその任の至当を勤むる所と存じ奉り候。

御尋

方今は天下の病、已《すで》に腹心に相及び候については、何方《いずかた》の藩にても上洛し、宸慮《しんりょ》を安んじ奉り候儀、肝要にてはこれなきや。

対

一体、長崎は、天下の大手口にて、二百年来、夷人通商、入貢の御場所柄、防禦の御手当も精々これあり、非常の節、他の場所は、たとへおくれを取り候も、その場限りの事に相成るべく、長崎の儀は、前件大手口の訳に候へば、万一おくれを取り候へば、全国の形勢も、彼らに侮られ候儀に移行すべく、実に大事の御場所柄につき、堅固に守禦つかまつり候事こそ、宸慮を安んじ奉り候事と存じ奉り候。

御尋

しからば、もしまた御上洛の御内命下り候はばいかん。

対

御内命下り候はば、奉勅上洛の儀は申すまでもござなく候事と存じ奉り候。

というものであって、朝廷側では直正が、上洛しない点に疑惑をいだいていることが中心となって対談がすすめられている。

江藤は、直正の持論である「長崎御番」をたてにとって弁解している。江藤としては、直正のように、積極的に朝廷と結ばないという態度ではなく、外圧（外交）を問題として天皇親政を唱えようとするのであった。

密奏の書

そこでついに姉小路を通じて密奏しようと企てた。『江藤家文書』にある文久二年八月二十六日付の「密奏ノ書」によると、「癸丑《きちゆう》・甲寅《こういん》の年以来、幕府の処置、その筋を失ひ、調和その宜をえず」と考え、嘉永六年（一八五三）より翌安政元年にかけての日米開国を非難し、外国の「虚唱」に謀《はか》られ、その「姦図《かんと》」に陥り、「未曾有《みぞう》の大汚辱《おじよく》」をうけると警告している。薩長をはじめ「諸方の大藩」が上洛し始めてから、「幕府不敬の宿弊」を一新し、「皇権復旧の大機会到来」とよろこび、「夷狄不順の禍、一転、福となすの良き時節」と、挙国一致の中心に朝廷をすえようとする態度があらわれている。そして弘安の役を例に引いて、鎌倉幕府執権の強力な政治力に比して、徳川幕府の弱勢を説明し、「攘夷の勅」を奉行《ぶぎよう》することは不可能であるという。そこで「諸方の守順の大藩」「上洛の数大藩」に委任させていただきたいと述べている。

攘夷の勅

夷狄掃攘《そうじよう》について、「在港の夷長」を召し呼び、「鎖港」のことを諭すというのである。それでも外国勢力が承知しないときは、「諸方の忠士」を徴集してこれにあて、農民にも農閑期に「武芸」を教諭し、非常に備えるよう要望している。

御巡狩

全国に攘夷を宣布し、天皇みずから「御巡狩《じゅんしゅ》」あれば、「御国威揚張《ようちょう》、皇権も五分は復帰」すると推測する。そうすれば、「国のあらん限りは」「六大州天皇たらんとの叡念」も、「旧により鎖国との叡念」も思うままとなり結論として、「方今の大機会に乗じて」皇権を復し、国威を張ることができなければ、機会の再来も期待できず、なんとしても「天下万民のために」攘夷第一としないならば、「大権復旧」はできないというのである。また防備の費用として「五畿内」の「関東支配の地」の租税徴収権を朝廷に復し、幕府の政治・経済権をも軍事権と同時に収めようと計画する。

大権復旧

さきに引用した姉小路との対談においても直正の上洛が問題になっていたが、この「密奏ノ書」でも薩摩藩の島津久光・長州藩の毛利慶親父子・土佐藩の山内豊範らの諸大藩の藩主が京都で活躍していることに注目しており、八月、公武合体派の久光が帰郷したあと、十月、土佐藩尊攘派の武市瑞山《たけちずいざん》(半平太)が、一藩尊皇論をかかげ勅使三条・姉小路、藩主毛利・山内とともに攘夷督促の使として随行した動きなどに、江藤は藩主直正の上洛出馬を切《せつ》に願ったのである。江藤は京都にあって公卿・志士の間を往来し、藩の立場を表示し、在藩の同志とともに藩主直正を動かし、薩長の間を歩み、朝幕の間に主導権を握ることを期していた。

彼には、藩主を動かし、藩論としてまとまった、藩ぐるみの尊攘しか考えられなかった。その点で土佐の武市《たけち》瑞山と性格が似ているといえる。彼らには藩を越えて、同一の目的に手を結ぶことが困難であったし、またそれぞれの藩主は、これらの行動に心から好意的ではなかった。江藤は許されたが、武市は活躍した揚句には死を賜わるにいたった。

尊皇攘夷が正論

京都にあって、直正出京の噂《うわさ》に喜んだ江藤は、大木民平（喬任）・阪井辰之丞に書を送っているが（『江藤南白』）、まず「京師当時の形勢」について、「尊皇攘夷」が「此の上なき正論」とされ、その議論の中には、「日本を死地に入れ」、また「幕府を顧りみず、檄《げき》を七道に伝ふる」討幕論などがあるとしている。

一定の権度

薩長も「私心」を抱き、その他の諸藩も「勤皇は美事《びじ》、攘夷は急務」と単に考えているだけで、公武合体派も「一定の権度《けんど》」、根本方針・原則を持たずに、もはや有名無実の存在だと考え、内乱さえ引き起しかねないものと報じている。幕府の開国は結局「恐心」があって和することは外国に侵略させるようなものだし、また攘夷激派が行動をおこしても、「一定の算略」なくて戦う場合、「林則徐《りんそくじょ》の敗を鑑《かんがみ》るべし」とアヘン戦争の例を引いて、単なる打払いの危険なことを論じている。

「今日の先務は皇室独立の基礎を固うし、よって我に一定の権度を立て、我に一定の人心を決し」「戦へば戦ふべきの方略を定め」「和すれば和すべき条理を建て」なければならぬとした。そこで朝廷堂上方は、「中将様」(正直)が「御国」に「あまり御引込遊ばされ候様に思召《おぼしめ》され」ていると難じ、直正の上洛出馬が「上《かみ》は叡慮を安んじ奉り、下《しも》は三千万の生霊《しょうれい》を御救ひ遊ばされ」ることになるので、上洛実現となれば、「手の舞ひ足の踏むところをしら」ない喜びだというのである。

江藤の直正に対する期待は大きく、それだけに個人的に行動することを考えなかったのであろう。脱藩といっても藩を生かすための脱藩であった。しかし直正は、これらの彼の行動に狼狽《ろうばい》し、父の江藤助右衛門は藩禁に触れて謹慎を命ぜられていた。佐幕的な直正には彼の態度は理解されなかった。

「京師見聞」

江藤の在京期間は、ほぼ三ヵ月ほどであったが、公武間の変動がもっとも激しい時であり、多くのものを学んだと思われる。在京中に観察したところの記録は、『江藤家文書』に「京師見聞」として残っている。「一ツ書キ」の形式でメモふうに書きとめている。そのうち主なものを拾いあげると、次のようなものがある。

幕府から薩州をはじめとする上洛諸藩を押さえるために加賀前田藩主が上洛するという噂が立ったが、恐らく実現しないだろうとみている。また、島津久光とともに江戸に行っていた勅使大原重徳《しげとみ》が、罷免された京都所司代酒井忠義の退京を慶喜（将軍後見職）に要求し、朝廷への報告書である「御内書《ごないしょ》」に、幕府は所司代の上に京都守護職を設けて、会津藩主松平容保《かたもり》を任ずることを定めたと報じていることを看破している。この守護職設置については、朝廷は、幕府が武威をもって朝廷を威圧しようとするのではないかと憂慮し、設置理由を幕府に訊問《じんもん》した。幕府は朝廷尊崇・京都守衛を充分に行わしめるために、重職を置くに外ならないことを弁明した。しかしその真意はしばらくおいても、その実際の行動が、京都における尊攘派の抑圧、外藩勢力との対抗、幕権の擁護となったことは否定できない。江藤もこの事件については大きな関心を寄せていたにちがいない。

金値段下落

伊勢国の諸港で金貨を買収して、はなはだしく悪評のあること、「上方筋」では「金値段大いに下落」などに注目し、幕閣の「御役人」が三党に分かれているとの風聞を記している。幕閣の三党とは、(1)大いに航海通商を開きたいとする一橋慶喜・松平慶永(越前様)らの「御首唱」の一派、(2)鎖国を主張する一派(名前は相分らず候)、(3)夷人に和して諸侯を押さえ、内戦を交えないで太平を送るという故井伊大老の遺説を守る一派、の三つだとしている。(1)についても実際には転々と方針は変動したが、江藤は(3)について警戒していると思われる。

大原勅使の関東下向

また勅使大原重徳の「関東下向」について、島津久光だけ随行し、同時に内命のあった長州侯の上洛がおくれたことについて、「風評悪し」といっている。長州藩世子毛利定広が名代として安政戊午《ぼご》以来の国事犯人の赦免・収葬の勅命を幕府に伝えるため江戸に出向いた件についても詳しく述べている。またこのことから薩長が反目・疎隔していった事情にも注目している。

豊後の岡藩・久留米藩などの藩士が、主命によって亡命・上洛して藩に対する内命を受けるよう暗躍していることを述べ、肥後・筑前の上洛予定を心配している。

薩摩藩は在京の人数三百人、伏見・大阪に五百人、都合八百人で入京以来の費用は十五万両余、長州藩は在京九百人で十万両余を、京都の屋敷買入・長屋作事(建築)・関東下向・上洛の旅費などに費《ついや》したという。

左大臣近衛忠熙《ただひろ》からの依頼として「天下の重事を任托し、諸藩をすべて」服従させることのできるのは、島津斉彬《なりあきら》・徳川斉昭なきあとは鍋島直正(中将様)だけであると説き、「必死をもつて御頼み申し上ぐべく、ついては一人か二人か、当月半頃までには大阪出船」と「談合」していると述べている。

和宮降嫁

また和宮降嫁《かずのみやこうか》を策した久我《こが》右大将建通・富小路《とみのこうじ》二位政直・岩倉右少将具視朝臣《ともみあそん》・千種《ちぐさ》左少将有文朝臣の名を「四姦」としてあげている。さらに近衛・三条(実万)

・中山・正親町三条・大原・姉小路らの人物評をのせている。以上のような覚書であるが、結局は、直正の上洛を望む点に主眼のあることがわかる。

藩府への「報告書」（『江藤南白』所収）によると、薩長による攘夷も、公武合体も効を奏したとはいいきれないので、諸浪人と申し合わせて藩府に要請する形をとっている。それらの諸浪人としては、越後の本間精一郎をはじめ各国の浪人七名の名がみられ、藩意識を越えて、大同団結する態度さえみられる。各藩士が、京都にあって尊攘派志士として脱皮していく傾向がうかがわれるのである。

人心一致

これらの同志は、全国からの密奏が、討幕に重点をおくもの、公武合体を主張するもの、現状のままで皇権復挙を願うもの、があるが、国内の大藩が「人心一致」することを最高の目的としなければ、いずれの所論も無謀というものであり、公武合体については、五畿内の幕領を朝廷支配にし、攘夷のことは、幕府を中心に、数大藩で評決し、二十年間鎖港して、その後に開港通商の得失を考えようというのである。この見地から、上洛の諸藩も、ただ「その名を建て、その功に預りたき心慮」から出たもので、とても統一行動はとれそうもないので、直正の出馬を切望し、「諸藩一致」の「御周旋」を仰ぎたいと願っている。

御周旋

しかし直正の活躍も期待どおりにはいかず、これらの尊攘派は倒幕運動にとり残されてしまう運命にあった。

破約攘夷

攘夷運動は、長州藩が和親・通商条約を破約するという「破約攘夷」の方針をうちだし、土佐藩も同調してから急激に気勢を昂《たか》めていった。この頃、土佐の武市瑞山が草した「時務策」一篇は、江藤らの意見と全く同一であった。これらの勢力が、「攘夷勅使の東下」を実現させたのであるが、江藤らの所論が公認されなかったのも、藩主の上洛もなく、朝廷も直正とその藩士の行動に信頼を抱いていなかったので二流とみなされていたことによる。

直正も文久二年六月九日、近侍長古川与一に上洛を命じた。古川は十六日、京都につき、久世《くぜ》通煕《みちひろ》に直正の親翰を呈した。その内容は、京都における諸情勢を知りたいというものであった。二十九日久世は返翰を示し、重要な件々についてては面談の上のこととして、一般的な要件について十九項目にわたって報じている。そのなかで興味ある点は、「徳川家を御取り潰《つぶ》すなど申す事、世間、風説いたし候由、天意決して左様の義にこれなく、徳川家、近頃微運のようなれども、また英明の士を役人に御選挙相成り候はば、御中興もできるべきと御心配あらせられ候」とあって、倒幕論が朝廷ではそれほど表面化していないことを示している点である。『直正公伝』には、古川への口頭伝達には実直なる大藩(直正)の周旋を望まれた天気を推察できると述べている。

くだって七月二十五日、久世通煕より直正に宛て、朝意を受けて親書が出された。それには、長崎砲台新築などの功績について周知のところなので、佐賀藩をさけて他藩へ上洛の内命を下したのではなく、直正の真意を理解した上でないと

内沙汰

かえって「御迷惑」であろうから、「御内沙汰《うちさた》」を控えていたというのである。八月七日、直正は内命があれば、「天命を奉じ候覚悟」と答えている。これに対して久世は、「御隠居」の身ではあろうが、特殊の場合であるから是非とも公武周旋に出馬していただきたいと申し送り、天皇も「御満悦」であろうと述べ、国事掛の相役への都合から請書《うけしょ》をいただきたいと望んでいる。

直正もすぐさま「不肖ながら叡旨を奉戴し、精力の限り愚忠を尽す覚悟」と返信している。その後、筑前・肥後両藩に直正から内談をした。内国一致の方針から、当時十四藩主に内沙汰《うちさた》(内命)があり、薩長をはじめ、筑前・肥後・豊後(岡藩)・久留米などがふくまれていたが、筑前・肥後が隣藩であるところから直正もあらかじめ内使を送ったのである。その時の両藩の回答は、『直正公伝』(第五編)によると、両藩ともにその意向をあまりはっきりと言明していない。その態度を直正は、「緩漫」として筑前などを非難しているが、結果としては筑前・久留米が十月、佐賀が十一月、肥後が十二月という実情であった。京都の志士間に、「公武合体も国事周旋も、諸藩の競望《けいもう》によってはじめられ、出京におくれたことにより、もはや有名無実の出京となった」と嘆息され、少し気が抜けた感がある情勢となっていたのである。

以上のように直正も十一月になって出京はしたが、江藤が直正をかつぎ出すことにより他藩にさきがける功を急ぐには、時機を失っていたのであった。江藤が脱藩した頃、薩・長・土らが上洛し、「手入れ」を行った頃が頂点であり、幕政の大改革から攘夷勅使の東下までが決定的時間であった。島津が大原勅使とともに幕政改革にのりだした隙に長州・土佐は尊攘激派を京都にもりあげ、島津は帰国後、「激に過ぐる匹夫の議論には己が名利の為めにすること多ければ、みだりに御採用あるべからず」と奉答し、「日和見《ひよりみ》の心底」であったのは、諸大名、なかでも長州・土佐両藩のみでなく、薩摩自身も功名をひとり占めにしようとして

日和見の心底

いたと思われ、西海道（九州）の執権となる内存ありとまで噂《うわさ》されていたのである。

それはさておき、直正の上洛が、機を失した点については、佐賀藩において残念に思い、後悔したのはひとり江藤のみではなく、多くの者がそうであったろうし、直正自身も、佐幕意識はあったにもせよ、実際のところ進退に躊躇《ちゅうちょ》したことに後悔していたと思われる。

九月六日、久世から直正に書翰があったが、その末文に、「上京の次第、叡聞に達せば、さぞ御満悦なるべく、公武合体ならでは、攘夷の功も奏し難きを以て、関東に対しいささかも御異心なき義を含みて国家の為めに周旋すべし」とあるのをみれば、久世―直正の国事周旋は、姉小路―江藤のラインよりも数歩後退し、尊攘激派（条約拒絶攘夷断行）とは大きく差異のあったことがしられる。また直正の眼中には江藤の名前さえ映っていなかった。

江藤は文久二年六月脱藩出京し、姉小路公知《きんとも》・桂小五郎（木戸孝允）などと結び京江間の変動を経験したが、佐賀藩ではその脱藩の実情さえ、探知していなかった。京都の志士の間ではその名を知られ、特に木戸などは、その日記明治元年六月二十七日の条に、

今夕約あり、江藤新平を訪ふ。大久保・大村などもまた到る。江藤は肥前藩、旧来尊王の士なり。壬戌《じんじゅつ》の歳(文久二年)、起志脱藩、ひそかに余を尋ねて京師に来る。よつて余、山口繁次郎の宅に潜居せしむ。爾後の春、一左右《いっそう》あり。しかるにまた今春再会す。当時知己の一人物なり。

(『木戸孝允日記』)

とあって深く交際があったと思われる。

『江藤南白』によると、一日、幕吏が大阪の佐賀藩邸をおとずれ、郡目付《こおりめつけ》福岡義弁に、「肥前に江藤新平なるものがいるか」と聞いたことによって初めて義弁も江藤の出京を知ったということになっている。

藩では京都からの報で、「江藤が京阪の間に往来して尊皇論を鼓吹《こすい》している」

平野次郎

と聞き、あわてて捕縛の命を出した。ところが容易でないと悟ると、屏居《へいきょ》させられていた江藤の父助右衛門の罪をゆるし、江藤を追うように命じた。しかし助右衛門はその旅費に窮したので、衣服を質に入れて出発するありさまであった。途中で新平が博多まで帰着しているというしらせを得て、国境三瀬《みつぜ》番所の古賀定雄とともに博多に至り、新平をともなって帰佐したのである。

文久二年九月、京都を去った江藤は下関に帰り、平野次郎(国臣)とひそかに会見しようとしたが、当時彼は幽囚《ゆうしゆう》の身で福岡にもいなかったので、古賀定雄に書を送ったのである。推察すると、この頃には藩側でも離京した江藤の動向を探知したものと思われる。

当時、脱藩亡命する志士は諸藩に多かったが、佐賀藩においては江藤が最初であり、しかも京阪地方で国事に奔走したのであるから、藩中の上下の驚きは脱藩以来、日ましにはげしく、世評は斬首の刑は免れないと断じていた。江藤の一家も覚悟はしていたであろうが、ついに文久三年八月、「江藤新平事、親族付添の上、即時出頭すべし」との命があった。実弟柳川源之進(江藤源作)の実話によると(「江藤南白」)、阿《あ》兄《けい》が脱走してから、愚父は藩命によつて、捜索の為め上京することとなつたが、愚父は偶然にも阿兄と博多の中島橋で邂逅《かいこう》することが出来たので、父の喜びは一通りでなく、相伴つて帰国いたしました。これと同時に、藩禁を犯した御処分について、父母をはじめ、一門深く愁雲に鎖《とざ》され、いよいよ召《しよう》喚《かん》となると、組合よりは南里新八といふ人が付添ひ、親戚としては、私が付添ひ、家老鍋島志摩の邸に出頭したが、詮議の場所は、同邸の大広間であつた。誘はれてその席にのぞみ、阿兄を中心として、その左右には南里と私とが付添つて端坐して居つた処、上役は未だ出席しなかつた。その席の光景は、はるか一間を隔つた上段に、黒塗りの机があつて、その上に何か宣言のやうな巻紙がある。これこそ阿兄が生死の運命を決すべき書面であることを看取

宣告書

永蟄居

した。折しも付添の南里は便所に入った。あたりには人一人居らぬ。時に阿兄は私に対し、「抜き足であの宣告書を瞥見《べつけん》して来い。万一、不幸にして死刑の文字あらば、余は今より更にここを脱出して、直ちに長州に入り、桂小五郎に頼りて、一時潜伏し、他日の飛躍を期するのみである」といはれた。阿兄のたつての頼みを断りきれず、直ちにしのび足で、ひそかに机上の巻紙を手にすれば、意外にも永蟄居《えいちつきょ》(永い謹慎)の文字があらうとは、これだこれだと直ちにその座に復し、これを阿兄にささやいたところ、阿兄は微笑してうなづき、泰然自若《たいぜんじしやく》の態度をとつて、上役の出席を待つた。

という結果であった。

このことに関して大隈重信は、『大隈伯昔日譚』に、「閑叟(正直)の晩年においては、天下の好機をひらきて、その敏腕を待ちしに、彼はみづから進んでこれを利用するの気力なかりし」「保守的無為の人となり、『とかく浮世は、事なかれ』

といふ言を無上の主義となしたり」とみており、そこで藩士の脱藩したもの、紛争を企図したものなどを、よくいいふくめて制し、経験で自省するのを待ち、無事を欲するあまり、これを罰することさえしなかったと述べている。当時は諸藩において、志士に対しては、切腹・禁錮・追放などの刑をもって臨んでいたが、佐賀藩には一人もそのようなものがなかった。「江藤の如き、大木（喬任）のごとき、また副島（種臣）の如き、……余が如きも、当時の法律典例にあてると、当然死すべきであるものが助かつたのである」として、「全く彼の仁恵の賜《たまもの》なりといはざるを得ず」と結んでいる。

金福寺に蟄居

蟄居《ちつきよ》を命ぜられた江藤は、父母・妻子とともに小城《おぎ》郡大野原山中の廃寺、金福寺に仮り住いをした。世間からは、「書物を読んでも江藤新平のようになるな」と非難を受けたという。

生活の糧《かて》を得るために子弟の教育（寺子屋）に従事し、「幾多の少年日々来り集り、書を読み字を習ひ、倦《う》めば則ち巻をおき筆を投げうつものあり。南白、一切そのなすに任せて顧みず、常に沈思瞑想に耽《ふけ》りたりき。少年輩、好戯場《こうぎじょう》を得たりとなし、ますます跳梁《ちょうりょう》を極め、日として然《しか》らざるはなし。ために父兄来りて南白に面し、少しく戒飭《かいちょく》を子弟に加へんことを請ふものあるに至る」(『江藤南白』)程であったという。すべてが事実ならば、江藤は秀才・鋭才であったことは疑いないところであるが、人間的に幅広い持ち味や、誠実さのある愛情の持主ではなかったように思える。この点、西郷のような自然児的性格を江藤に求めることができない。このことに関してのみで評することは不当であるが、下級武士の家に生まれ、経済的にも精神的にも幼時から困苦に堪え、鋭敏な才能を有しながら、藩政に参加できなかったことなどから、血気ばやい反逆的なカミソリのような頭脳と神経とをもてあましていたのが実情であったと思う。幕末という社会情勢の中で、英才の志士とは皆、このような人間像であったろうが、彼、人間江藤を語るエピソードはあまりに少なく、あまりに冷たい。弊衣《へいい》乱髪・豪放不羈《ふき》の熱血漢、それだけが彼の青年像であった。

山中雑詠（七言絶句）

箪《たん》中に食なく、嚢《のう》に銭なし。
妻は病《や》み、児は哀《かな》しむ梅雨《ばいう》の天。
唯《ただ》、腰刀《ようとう》を舞《ま》はしめ、義勇を鼓《こ》す。
満山の草木、悽然《せいざん》たり。

江藤の当時の心境であった。元治元年（一八六四）十一月までこの金福寺で生活し、佐賀城南、丸目村に移転した。その世話をした高木秀臣は金福寺時代をかえりみて、南白の夫人千代子は貞淑にして温醇《おんじゅん》、よく夫を助け、またよく父母につかへられた賢夫人であつた。文久三年南白の永蟄《えい》居となつて佐賀表《おもて》を立ち退き小《お》城《ぎ》郡大野原の山中に移住せんとするや、夫人は長男熊太郎（六歳）・次男松次郎一歳）の両児を籃輿《らんよ》に入れて下人《げにん》をしてこれをかつがしめ、深山幽谷《しんざんゆうこく》の間を跋《ばっ》渉《しょう》してしばしば道路の険悪に遭遇し、わずかに金福寺に着するを得て、爾来《じらい》両児を擁しつゝ寂寞《せきばく》なる生活を営まれましたが、南白の豪放不羈《ふき》なる、常に家事をかへりみず、朝に出《い》でて夕に帰り、或は数日帰られないこともあつた。

……（前引書）

といっている。江藤はまた「元治甲子《きのえね》山居」という七言絶句にも、「父母、寒を告げ、妻子饑《う》う」とよんでいるし、石井松堂の『江藤新平伝』にも「家、最も貧、飯粒しばしば絶え、夫妻、食《くら》はざること数日」と述べている。高木秀臣の言葉によると、佐賀丸目村への移転の費用も高木が都合したらしい。

蟄居謹慎中の江藤のところへ、山中一郎・中島鼎蔵《ていぞう》・徳久《とくひさ》幸次郎・丹羽竜之助らの青年有志のものたちが出入していた。障子も畳も破れた廃屋で談論風発、天下国家を論じ尊皇論を説き、佐賀青年党の中心人物と仰がれるに至った。

京都で勢力を得た尊攘派も文久三年正月以後、東山の翠紅《すいこう》館における志士の会合、公武合体派公卿の失意、土佐藩志士の失脚などを経て、主勢力は長州藩によって維持されていた。

長州藩は攘夷の詔勅を奉じ、使節を九州に派遣して応援を依頼しようとした。長州藩士土屋矢之助・滝弥太郎らの一行は久留米にやってきた。

真木和泉・弟外記

江藤は蟄居中であったが、古賀一平・大木民平（喬任）らと謀り久留米に至り、真木和泉（保臣）を尋ねたが会えず、弟真木外記《げき》と会って長州の動静を聞いた。外記の紹介によって、長州の土屋・滝らと会談した。そして援兵について、大砲を長藩に貸与する件について密約するところがあった。一藩を代表する名義もない江藤らであったが、当時の国内政治、とくに志士間の政治論のかけひきであった。

江藤はそのまま長州に赴こうとしたが、大木がとめたので思いとどまった。

この江藤らの長州援助の意志は外記から兄の真木和泉へ、和泉から学習院（国事掛・

参政・寄人の三職が国政する所）の諸卿に謀り、採用され、監察使が下ることとなった。しかしながらここで形勢は一変した。

幕府の京都対策

将軍後見職一橋慶喜《よしのぶ》・政事総裁職松平慶永・京都守護職松平容保《かたもり》らは京都対策として、(1)公武合体派を糾合し、尊攘派を圧迫しようと考え、(2)政令一途に出《い》ずる旧態に復そうと目標を定めていた。そこで薩摩藩を起し、島津久光に上洛を求め、土佐の山内、宇和島の伊達などもほぼこれに近い意見をもっていた。

文久三年八月十八日の政変後、松平容保・薩摩藩が信任をうけ、連合し、長州は引退を命ぜられ、七卿落ちとなった。

江藤は大木らとともに藩論を動かそうとし、攘夷の詔勅を奉じて長州に応援しようとしたが、無駄となり、直正も自重して動かず、天下の形勢を静観する外はなかった。

長州征討

元治元年（一八六四）七月二十三日、長州藩追討の朝命が幕府に下だされた。初役の場合は長州の恭順によって大事に至らずにすんだが、翌慶応元年、長州藩再征が布告され、幕府が、山陽・山陰・南海・西海諸道の兵をおこした際、佐賀藩も命に応じ、鍋島左馬之介は一千三百三十人、鍋島鷹之助は一千三百人、鍋島志摩は八百九十人、鍋島上総は六百七十人、鍋島河内は九百人、原田九左衛門は六百五十人を率い小倉に出発した。

江藤はこの出兵に反対し謹慎の身でありながら執政原田小四郎に書を寄せた（『江藤南白』）。

幕府の討長を、「内は天勅に違犯し、多少の忠義を御殺し相成り、外は夷狄に請援償金、御国体を御辱《はずかし》め相成り候」と非難し、薩摩の動きについて、「いはんや薩藩すでに頭角をあらはし、援長の情勢これあり候様子、此の義は虚説にはこれあるまじく、その訳は、長州の衰亡は、すなはち薩藩の孤形、これすなはち

唇亡歯寒《くちびるほろぶればはさむし》の儀にて候へば、必ず尽力これあるべきか、これも勢ひにて御座

候。しかのみならず薩藩当時の形勢はすでに賢才登用、……殊に討長の命を相ひ断り、これは定めて幕府当時の情態を相ひ察し、間隙を窺はれ、つひに皇室により勅命をもつて幕権を取りおさへ」ることもありうると警告している。

さらに薩長が強盛となり京都以西を配下におくようになれば、「外夷必ずその間に乗じ、或は講和、或は構戦、或はこれを援け、或は彼を援け」る状態となり、「諸藩もその勢ひに従つて動揺離合し」、海内大乱となりかねないと論ずる。薩摩藩が藩の方針を一変し、公武合体から尊攘派に変化、諸藩を統一、朝威の確立によって幕権をおさえようとしていることを読みとっている。同藩の指導的位置にあった西郷吉之助（隆盛）・大久保一蔵（利通）らも幕府滅亡を信じ、長州再征を私争と断言して長州と接近したのは当然であった。

江藤は、西郷や大久保のごとき倒幕による新しい政治路線はまだ見いだしていなかった。勿論、幕府復旧の見込みは、ほとんどないものと考えていたが、それ

大宰府の五卿

よりもむしろ、幕府側に完全に味方をしていた場合、薩長の勢力が強大となり、佐賀藩がこれと争うことになればとても敵として迎え撃つ勝算はないので、とりあえず征長軍を取り止め、静観してしかるのち大事を計るのが全策であろうが、それより幕府がフランスの勢力を援助と頼んでいることと、征長の件とを中止するよう幕府に建白し、この意を一橋《ひとつばし》・会津（松平容保）侯・幕閣にも伝え、これが実現されることは見通しはなくても、「幕府に対し御尽し遊ばさるる事」として筋だけ通した上で、公卿・幕府・一橋・会津・薩摩の間をうまく泳ぐことを進言している。

長州へも密使をさし向け、幕府のフランス請援《せいえん》の件をとりあげて、出陣の軍は引き取る旨を伝え、「その応接中の都合により、連合の措置《そち》もこれあるべき事」と説明している。

また大宰府の五公卿（文久三年八月十八日の政変後長州に落ちた七卿の内の五人）を、将来の事も予期して「御優待」

すべきだとしている。幕権が衰えたならば、この五公卿の信任を受け、薩長とともに「海外の事はひとまず年限を相ひ立てられ、政事を共和にて相ひ行はれたき旨、仰せ達せられ、この旨諸藩にも会議あり、朝廷へ奏聞せられ」るよう意見を述べている。

しかし幕府を完全に無視したのではなく、海外勢力と結ぶなどのことがなく、「御悔悟」があり「御修明」があれば、ふたたび「海外政事」(攘夷外交)の件は復旧の御約束をしてよいというのであった。とにかくすべて「京都に諸侯会同の上」会議すべきであるとし、この長州再征の頃から江藤は雄藩連合政権を考えはじめ、そのヘゲモニーに参加することの急を説いたのである。だがやはりこれらの決定も太公閣下(正直)によってのみ実現されるという考えは変っていない。そこに薩・長・土の改革派藩士のように藩をふみこえて成長することができなかった原因があり、また江藤の進言を聞かなかった藩主―藩全体が、慶応二―三年の潮流に乗ることができなかったことも当然であるといわなければならない。直正は常に外様大名として幕府に対する批判的言動はできるだけ避け、親藩の和協一致を説いて傍観した。小倉に出張した藩兵は、これまた直正の命によって出兵したものの少しも動かなかった。かくして進言も顧みられない江藤は大木喬任・副島種臣・大隈重信らと親交を結び、天下国家を論ずる外はなかった（慶応元年江藤日記）。

慶応二年（一八六六）孝明天皇の崩御、将軍家茂の病歿、慶喜の将軍拝命、明治天皇践祚と世相の大きな変動を決定する出来事の中に、歴史は、慶喜の新改革、外国条約勅許から兵庫開港へ、薩摩藩の討幕決意、土佐藩の大政奉還論など目まぐるしく進展していった。

副島・大隈の大政返上論

慶応三年（一八六七）三月には大隈と副島の二人は脱藩出京して大政返上を幕府の目付役原市之進に説いたが、「粗暴な書生」ということで相手にされず帰藩し、副島だけは謹慎を命ぜられてしまった。当時、土佐藩の後藤象二郎は藩命で長崎にあり、副島が尋ね議論したことがあったが、後藤は八月、前藩主山内豊信に入説して採用され、大政奉還論が藩論として決定された。大隈はこれをみて、佐賀藩でこれを実行したかったと悲しんだ（『大隈伯昔日譚』）。

六　明治政府の「朝臣」

慶応三年（一八六七）六月十一日、佐賀を出発した鍋島直正は、熊本・佐賀の関を経て、海路を進み大阪に上陸、二十七日京都に着いた。京都では一―二回参内・登営しただけで、病弱を理由に帰国許可をうけ、七月二十七日、大阪で慶喜《よしのぶ》と会談し、翌日大阪を出帆して八月九日に帰佐している。京都における滞在期間は、わずか二十九日間であった。

そして朝廷との間にも、慶喜との間にも、さらにまた他の諸藩勢力との間にも、なんらの画策もなされなかった。江藤をはじめ在藩の尊攘改革派の人々は、これによって最後の望みも断たれてしまったと考えたのである。

直正上洛の前後こそ、変革の大勢は決定されようとしていた。

六月には薩藩の討幕決意が明らかであり、「この上は兵力を備へ、声援を張り、御決策の色を顕はされ、朝廷に御尽しござなく候はでは、なかなか動き相付きかね候」（蓑田伝兵衛宛大久保利通書翰）という意気ごみであった。

八月には土佐藩で大政奉還論が決定されていた。この平和的大政奉還論と、薩・長二藩を主とする武力的討幕運動とが同時にその目的に向っているとき、一方、堂上においては京都における王政復古を唱えた岩倉具視を主とする勢力と、九州、大宰府にあった三条実美をはじめとする勢力とが提携して、その動きは決定的なものへと発展していた。

かくて十月、薩・長二藩に討幕の密勅は下り、山内豊信（容堂）の大政奉還の建白書は提出され、将軍慶喜の大政奉還の上表となったのである。

この数ヵ月間に、佐賀藩は藩主直正の公武間における中立状態の固守により、いずれの側にも参加しなかったため、中央における政局主導権を完全に投げ捨て

薩藩の討幕論

土佐の大政奉還論

堂上の王政復古論

た形になってしまった。

江藤の出馬

脱藩の罪により小城郡金福寺、さらに佐賀町本行寺《ほんぎょうじ》小路に蟄居《ちっきょ》中であった江藤は、政局の大変革とともに、その罪も許され、郡《こおり》目付役に任命されたが、その年の十二月、藩主直大《なおひろ》(直正の子)の出京に先発して出京を命ぜられた。

このときもまた、諸侯参集の命に直ちに応じなかったために、西南雄藩の一つである佐賀藩は、時勢の急転に当惑したか、徳川氏の旧縁のためにその権威を憚《はばか》ったものかなどとみなされ、「忘恩の王臣たらんよりも全義の陪臣たらん」とする態度であると判断されるに至った。

忘恩の王臣 全義の陪臣

小御所《こごしょ》会議にも佐賀藩からは、一人も参加せず、したがって王政復古諭告や、慶喜に対する官位辞退・所領返納を決議した事態の推移に、藩主・藩士ともども、参画する条件を有していたにもかかわらず、触れることが出来なかった。

江藤はこのとき京都にあって、「佐賀討伐論」さえ唱えられるようになったのをみて、木戸孝允《たかよし》・後藤象二郎・岩倉具視らに進言し、佐賀藩の長崎防備に対する重要性を説いて弁明した。

勤皇派の僧、鴻雪爪《おおとりせっそう》の『山高水長記』にも、直正を評して、「公は天下の名侯なり。しかるになほ、いまだ故態《こたい》を脱せず。銃隊をひきゐて花を観る。……漁夫にならつて蚌鷸《ぼういつ》の争ひを見て、恬然《てんぜん》手をさめ、寸兵を輦下《れんか》に出さず」といっていた程である。

また朝廷から「辰(明治元年)正月より三月迄、京都三箇月詰御警衛」のため上京を命ぜられたときにも、十二月(慶応三年)二十一日海路出発した先発隊も黒崎(福岡県)で、京都の形勢をうかがって足止めされ、藩主直大も、明治元年正月七日に佐賀を出発したが、伊万里港で約十日間ものあいだ、京都の事情を判断しかねて止まっていた。

薩摩藩邸焼打

この頃、江戸薩摩藩邸を中心とする騒擾《そうじょう》が起り、幕府はこれを討伐、藩邸を焼いた(慶応三年十二月二十五日)。京都においては、鳥羽・伏見の戦いが起り、薩摩・長州両藩兵を主力とする朝廷側の軍隊と、旧幕兵との間に激闘が開かれていた（明治元年正月三日）。

東征軍

直大は二月二日入京し、四日には議定職外国事務局輔加勢に任命され、八日には北陸道先鋒総督兼鎮撫使の下に藩兵を派兵することになった。このとき、佐賀藩は、はじめて旗幟《きし》を鮮明にしたのであった。この東征軍にも薩・長をはじめとする有能藩士は、参謀格として登場したが、佐賀藩は一部藩兵を送っただけで、直大も一隊を従えて東下したが、「諸事総督の指揮をうけ」る立場におかれていた。

しかし、佐賀藩の海軍力が見込まれて、「其の藩、持ち合はせの軍艦一艘御用仰せ付けられ」たので、幕府から預かっていた観光丸をこれに当て、佐賀にあった孟春丸も関東征伐海軍先鋒として出陣することになった。

長崎鎮撫府

また長崎方面の治安維持についても、副島次郎（種臣）・大隈八太郎（重信）などが当り、対外問題に備えていた。この長崎の人心動揺も、直大の出京にわざわいしたと思われる。のち奉行にかわって鎮撫府が設置され（一月二十五日）、「長崎表御警衛」は「従前の通り」として黒田藩とともに警備に当ることになった。

三月二日、直正も軍防事務局輔に任命され、六日、「国威を海外に及」ぼす勅書にもとづき開国方針が決定され、防備充実の点で直正に重望がかけられたのである。

このように佐賀藩は新政の機構に一歩遅れたが、長崎防備という近世以来の特色を引継いで軍事面において参加することになった。しかし政局の表面に立つことはなかった。

藩制改革

二月八日太政官から佐賀藩に対して次のような達しがあった。

一、松平の称号をやめ、鍋島氏を称すること。

一、佐賀藩は中藩であるから貢士二名を太政官に送ること。

一、各藩で徴士に任命されたものは、その日から朝臣と心得て、旧藩とは全く

関係を混合してはならないこと。（原文漢文体）

こののち、副島次郎（種臣）・大木民平（喬任）・大隈八太郎（重信）らは徴士として推薦され「朝臣」となった。

江藤は、三条・岩倉と接近して関東視察の要を説き、土佐藩士小笠原唯八とともに江戸に向かった。

この頃、慶喜は大阪をすてて江戸に入り、上野東叡山寛永寺大慈院に謹慎していた。幕軍総裁勝義邦（安房）の書翰を山岡鉄太郎が官軍参謀西郷隆盛にもたらし、やがて西郷・勝両者の歴史的な会談がもたれたのである。そして四月十一日江戸開城をみた。

この江戸における動静をうかがっていた江藤は開城とともに旧幕府の評定所に至り、政治・財政に関する帳簿類・国別明細図などを押収した。山岡鉄太郎の言葉を借りると、城池《じょうち》受授の後で、西郷は、農事に関する書籍を蒐集し、海江田《かえだ》（武次・信義）は金は何処にあるかと頻りに軍資の所在を尋ねたが、江藤は独り政事向に関する書籍簿冊の類を捜索した。しかも此の事実が彼等の性格を有りのままに発揮したるを推知するのである（『江藤南白』）。

というのである。また『板垣退助伝』によると、

江戸軍監

是時に当り牧野群馬（小笠原唯八）・江藤新平の両士、三条実美卿の命を領し監使と為《な》りて京師より来る。則ち山海二道の軍やや相容れざるの説あるを聞き、併せて関東の動静を視察するがためなり。両士つらつら諸軍やうやく兵機の緩むをみ、ひとしく慷慨《こうがい》して止まず、百方奔走する所あり、しかうして還りてこれを三条卿に復す。ここに於て、朝廷すなはち大村益次郎（永敏・長州藩士）をもつて軍防局判事となし、東下して大総督府を補佐せしむ（四月二十七日）。ついで三条卿もまた関東監察使（後に関八州鎮将）となり、みづから馳《は》せて江戸に入る（閏四月十日）。これ

実に牧野・江藤の両士が斡旋の労によるなり。

とあり、江藤も小笠原唯八とともに軍監となり、ふたたび江戸に向った。『木戸孝允日記』閏《うろう》四月三日の条に、

依て小笠原唯八・肥前人江藤新平（壬戌の年勤皇亡命、余救て京都に潜伏せしむ）徴士被レ命、大総督府に属し、軍監に被二仰付一候儀、岩卿に言上し相決す。

徴士に任命

とあって、江藤も佐賀藩出身の徴士ということになった。副島・大木・大隈らに遅れたが、朝臣になると同時に江戸民政に当ることになり、江戸府判事・江戸鎮台判事に任命された。

彰義隊討伐

五月になると、慶喜擁護の名目のもとに、一橋家を中心とする彰義隊も江戸開城後、勢いは衰えず、東叡山寛永寺を本拠として、官軍に対決していた。

江藤は彰義隊討伐を急務と考え、三条に一書を送った。その中で、

今日治国の要は、なほ医の急病にのぞみ姑息法を用ると同断にて、必ず民心

安堵を目的として、先づもつてこれを鎮定し、さ候て徐々として善政美法御施しこれある御儀しかるべきと存じ奉り候。

と、動乱を鎮定した後に民政を計るべきだと進言している。

民政については、田安家(亀之助)に委任されていた江戸市政を免じ、両町奉行の権限は大総督府に収め、諸藩有志から選ばれた徴士を監察として出仕させ民心を安堵させるというのであった。江戸城には三条実美がとどまり、関東を管理し、さらに奥羽を鎮定しこれも管下にいれたいと考えていた。

上野彰義隊との戦いが終ると、佐賀藩の執政原田小四郎に手紙を送った。

その文中に、「一体、最前着府致し候ところ、官軍はまつたく御威光これなき姿に相ひ成り、ただ〳〵徳川に侮どられ候やうこれあり」ということばがみられ、追信にも「殿様にもかれこれと御尽力あそばされ、三条公・宮様も余程御依頼おぼし召され候趣に御座候」とあり、朝臣として成長していく様子がうかがわれる。

また藩士中野数馬に送った手紙には、「アームストロングの功すくなからず」「上野の功もすくなからず」などと、彰義隊との戦いで佐賀藩のアームストロング砲が威力を発揮したことを告げ、よろこんでいる。

明治親政の詔が出される頃（二月三日）、それに先だって、新政府の首班、総裁有栖川宮から大久保利通に対して将来の対策に就いて意見を求められたところが、大久保は大阪遷都を進言したことがあった。

それに対し江藤は、江戸遷都を大木喬任・藩主直正と計り、佐賀藩論として岩倉に建議した（閏四月一日）。その意見書に、「関東のこと人情形勢にしたがひ、時機お取りはずしなきよう」とその処分を急ぎ、「拙といへども速かなるをもつて肝要の目的と存じ奉り候」とあり、江戸遷都については、「慶喜へは成るたけ別城を与へ、江戸城は急速に東京と定められ、恐れながら天子東方御経営の御基礎の場となされたく、江戸城をもつて東京と相定められ、ゆく〳〵の処は東西両京の間、鉄路をも御開きあそばされ候ほどの事これなくては、皇国後来、両分の患《うれ》ひなきにもあらずと考へられ候。（中略）公然御普告《(マヽ)》、江戸をもつて東京と相ひ定められ候はば、東方の人民も甚だ安堵大悦致すべく候。さらば皇威を皇張し東方を鎮定し後来を維持す、これこの間の御処分いかんにきはまり申すべく候。」と論じている。

江戸遷都論は古く、佐藤信淵が唱道し、江藤らに先きだって三月十日、前島密《ひそか》が説き、江藤の後に閏四月二十二日には北島千太郎（朝秀）が進言した。岩倉は大久保の建白に賛成して臨時的に大阪行幸を決行した（三月二十一日から二十三日）が、四月十一日江戸開城が実現したので、大阪遷都論は急速に江戸遷都論にかたむいた。政府は江藤・大木の建白を受け入れ、閏四月十日、三条を大監察使として江戸に送り、さらに六月十九日、政府参与木戸孝允と大木喬任を、帝都としての適否を調査させるため江戸に送った。六月二十一日から二十九日にわたって大久保も参加して、大総督の下に三条・大村（益次郎）・江藤・木戸らが協議を重ね同論一致をみて、七月十七日ここに東京奠都《てんと》の詔が発せられた。東京奠都反対論も、榎本釜次郎（武揚）のひきいる旧幕府艦隊八隻が品川から北上する事件が起った頃から（八月十九日）激烈となり、京都の市民は必死にこれに声援を送ったので、東京行幸が遅延するに至った。

江藤の奏上

このとき江藤は、「明治元辰戊（ママ）八月、鎮将府判事江藤新平胤雄」として謹んで奏上するところがあった。「それ、天下を大定せんと欲するものはまず人の耳目を新たにするにあり」として、「関東八州の人民、耳目一新、方向相定まるときは、たとへ奥羽御平定は、ほど延び候へども憂ふるにたらず」と極言し、奠都遅延が榎本らの脱走が原因となったということになると、内外に対する信義の問題にもなると心配している。

また奏上文中に、「しからば、恐れながら御武徳相欠き申すべくと存じ奉り候」

政府官僚に成長

とあり、神武創業を引用して、絶対的権威を増大させるため武断的処置を強行しようとしていることが明らかである。しかし古代的天皇制とはかわって、「諸藩之兵士」の上に立ち、「諸藩奉護」をうけて軍事的支配による封建的権力の統一を目標とした絶対王政であり、それによって幕府と交代することが出来たのである。もちろん古代的天皇制が背景にはあったにもせよ、絶対主義天皇制を形成するためにも、江戸開城・東京奠都は江藤らの筋書きなのであった。

このように江藤が「佐賀藩士」から脱皮して、政府官僚に成長していくことが知られるのである。しかしながら後述するように、藩閥間の圧力(対立)と、みずからの封建的反動性(藩意識)にわざわいされて、天皇の権威を背景とした官僚政治家として完成するに至らず、未成熟に終ったのである。

明治元年五月二十八日、江戸鎮台のもとに市政裁判所がおかれたが、南北町奉行の役所を改称したものであり、「町々の諸訴へなど、従来の町法のとほり心得、訴へ出《い》だすべし」と布達した。

鎮台判事

江藤は鎮台の「民政兼会計営繕」の判事に任命されたが、同藩出身の島団右衛門（義勇）も「民政兼会計」の権判事に任命され、後に佐賀の乱で共に戦った二人であったが、奇《く》しくも同じ江戸民政の局に当っていたのである。

七月十七日、鎮台を廃し、東京鎮将府が設置された際には、市政裁判所を改称した会計局の判事として江藤・島の両名とも参画した。

東京繁栄の患

東京の民政を掌る江藤は、その施政のはじめに、東京の繁栄の障害となっている七つの「患《うれい》」をあげた。

一、およそ東京中、十の九は貧民なり。その訴《そ》苦《く》は借銀なり。

一、およそ乞食・非人の多きなり。

一、およそ東京中、十の九は、人の家を借りて住す。しかるに地代・棚賃《たなちん》、はなはだ高値なり。人苦しむことはなはだし。

火事多き事

一、およそ東京中、十の九は、日々米穀一升・二升と買ふなり。しかるに問屋仲買ありて締め売り(ママ)するなり。これまた苦しむ。

一、火事多き事なり。

一、役人、民を治むる、無理なる事多きよし。

一、民間の訴訟、下吏に滞りて達せざること多し。達するとも迂緩《うかん》なり。このわづらひは訴訟所を別に建て、小監察出張致し、訴人は一人にてここに出《い》だす。そのときその名主を呼び出し引合いの上、すなはち判事に監察と両判済

――――――――――――――――――――――――――――――――

として、さらにその救済策についても論じている。その中で特色のあるものは、「断然一決、今より以後は地代・棚賃共、従来の半減なるべし」という策で、「人民雀躍《じやくやく》」するだろうというのである。また米穀の仲買を廃止したいと考え、火事に対する詳細な注意事項を挙げている。その市民の窮状を救済しようとする方策

はもちろんではあるが、明治初年当時における東京の実情が知られて興味ぶかい。さらに東京の繁栄を計る方策を立てて、「東京の人民の困窮する所以《ゆえん》」を、幕政以来のインフレーションによる物価の騰貴、工芸物産の不振、消費生活者の減少（諸藩士などの帰藩）などとして、それらを補ない、都市計画を考慮して耐火建築までも奨励して京橋銀座地帯に煉瓦家屋建築を公設、民間に貸与した程であった。また東京府官制の大綱を立案して「東京府仕度」を草した。しかしながら江藤たちの最も苦心したのは財政問題であった。

都市計画と耐火建築

太政官札発行

明治政府は元年五月以降、太政官札三百万両発行の計画は、紙幣不信・価値暴落のため不成功に終った。さらに軍用金五十万両を太政官札で江戸鎮将府に送ろうとして、江藤ら会計局判事たちの反対をうけた。太政官札発行の建議者であり政府側を代表する由利公正と江藤らは公聴会を開き、結局江藤は敗北し、東京府下に通用が布告されたが、鎮将府会計局判事の江藤・北島秀朝・島義勇らが府下

知府事の弾劾

の富豪から軍資金と民政費を徴募したことに対して、東京府の知府事から太政官に弾劾建白されるに至った。その建白文中に、「鎮将府会計官等、威光を以て金穀を徴募し、市府民の迷惑一方ならず、且東京府の権限を侵犯し、その職務を障碍すること大なり」とあった。江戸鎮台が廃止され、東京鎮将府が設置されたとき、その一部局とならんで東京府があり、東京市政を主に掌っていたのである。その管轄には「関八州兼神奈川」があった。江藤ら三名はこの弾劾に対して激しく反論した。

軍資金・民政費調達については鎮将府の議政局で管理することは決定済みであるし、東京府よりの調達では実現不可能である現状であるところから、会計官に従前どおり委任されなくては調達も困難であろうし、さもなければ辞職も敢えて恐れないと強硬であった。

太政官政治に優先

江藤らは江戸（東京）における軍事的民政施策をそのまま新政府の施策におき

かえ、京都における太政官政治に優先し、鎮将府を政権統一の実体とみる態度が強かったのである。

そこに財政問題も新政府との一致を欠き、由利公正とも対立、東京奠都への伏線として実施しようとしていたのである。江藤らは天皇の「御着輦」の準備工作のために強力な軍政を施行するということを大義名分として、自らの立場をジャスティファイしている。

天皇、東京に着御

元年十月十三日、天皇が東京に着御、江戸城を皇居に定められた直後、同十八日鎮将府は廃止され、従来の会計局は、東京府の管下に入り、会計官出張所と名称を改めることになった。

会計官

会計官は田宅・租税・賦役・用度・金穀・貢献・秩禄・倉庫・営繕・運輸・駅逓・工作・税銀などに及ぶ広い事務権限を有するのであった。その出張所が東京に置かれたのである。いま会計官を廃し、東京府に合併することになったが、江藤は、この中央政府本庁の出先機関である会計官出張所を地方行政庁でしかなかった東京府に合併することに反対した(十一月二十四日)。しかしこのことも、翌二年二月、太政官は東京へ移す旨達せられ、六月版籍奉還後、二官六省による復古的太政官制を採用した際、大蔵省として独立設置をみたのである。

新政府の負債

興味あることは、会計官合併反対の意見書に、イギリス・アメリカの両国が、立法権(議院)と行政権(宰相と会計官)・司法権(刑法官)が各々独立し、立法権が優先すると説明し、わが国の旧政府(幕府)では、三奉行に「軍政の権」(老中・若年寄・大小監察)が優先したと説明してさらに、新政府の負債を国債とすることに反対した説明がそれである。

すなわち、「西洋」では「国中の軍事・民政の両費」は皆、「議院」の責任となるから負債は国債となるが、わが国においては「理財の全権」が朝廷にあるから、負債は朝債であって国債ではないというのである。

立憲法治国家の議会政治を理解したうえで、朝廷が単なる独裁専制君主となることを危険視したものである。

またこのことは政権担当者は決定したけれども、まだ新政府が公法的な国家組織をもつに至っていないものと理解していたことを示すものである。その書中に「元来の御国体変らずしてたゞその負債のみこれを国債になさんとすること、わが民、服せざるのみならず、こと行はれがたし」と述べている。

論功行賞

元年十月、東北地方が平定されて鎮将府が廃止になり、論功行賞がなされ、戦争に参加した列藩・参謀・軍監・長官らに、「実地功労の事蹟」を「精密に相ひ調らべ」一腹案を差出すことを命ぜられた。江藤ははじめ軍監であったので、案を差出すことになった。その書中で、三条・岩倉・島津（薩摩）・毛利（長州）らには十万石内外、とあったのに対して実際に与えられた賞は、島津・毛利の両藩主には案どおり十万石、三条・岩倉はともに五千石であった。大久保・西郷・木戸・大村らに対して案は万石以上とあるが、実際には、それぞれ、千八百石・二千石・千八百石・千五百石であった。以下宮方・藩主・公卿・藩士など三十名に近い人々

西郷は二千石

の授賞の原案を提出しているが、その江藤の原案に近い者は藩主が多く、政治的功臣にくらべて戦功賞典の方が厚く取扱われている。

薩・長十万石

佐賀二万石

江藤はわずか百石

しかしながら重く授賞された藩主層の中でも差があり、薩摩・長州が各十万石に対して佐賀藩主直大は二万石であった。また軍事の西郷が二千石に対し、文官の木戸・大久保は各千八百石であり、江藤は文官の側でわずか百石であった。軍事方面に授賞をうけた佐賀藩士らにくらべて江藤が低かったことはもちろんであるが、文官としても最下位に近かった。

すなわち軍事方面では藩主直大のもとにあって佐賀藩も重視されていたが、政界においては、慶応三年からの同藩の進退が不明瞭であったことから、江藤の功績も重くみられなかったのである。

藩政改革

戊辰戦争終結とともに、藩の改革派に擁された藩主直大は維新政権のもとに藩政改革に着手しなくてはならなくなった。

一つには太政官よりの「藩政一新」すべき沙汰によるものであるが、一つには改革派の運動が活潑化したことによる。

弘道館における学生の明治維新に挺身しようとする改革派と、東北征討から帰藩した藩士たちによる軍制改革への要求も加わり、副島種臣が改革派から推されて版籍奉還をつき上げていったのである。

このような情勢は、鹿児島における西郷・伊地知、和歌山における津田、高知における板垣・谷らがその改革に当るといった一般の風潮であった。

「藩治職制」

明治元年十二月二十八日、「藩治職制」が制定され、藩の統治機構の画一化が企てられたが、藩主直大は版籍奉還建白書を提出したのち、帰藩して改革に着手したし、『鍋島直正公伝』第六篇にある藩の「職制大綱」は、この前年度に制定をみた「藩治職制」にもとづくものに他ならない。

その主なものを拾いあげると、(原漢文)

一、藩主は日々政府（藩庁）に出勤すること。
一、土地・人民は申すまでもなく、租入をすべて政府の管下におく。
一、藩の家政に関すること。入費は別途会計による。
一、藩の家政のうち、軍事権を藩政府の軍事局に渡し、軍事権を独立させる。
一、戸籍を掌どる宗門方も政府に属させる。

などであって、藩主も政府（藩庁）の諸員と同様に出仕するようにし、財政権を公有にして雑務局に、軍事・戸籍を政府の管下に入れることにした。武士階級は軍事局、他は郡務局の管轄とした。しかし藩の家政は存続させ、藩はそのまま永続するものと考えていた。

武士は軍事局

藩治規約

このことは二年二月、江藤・副島らによって「藩治規約」が定められたとき、『江藤家文書』によると、その序文に、

今度大政一新、府藩県の制を以て天下一規の政体相定められ、かつまた藩治

職制、仰せいださるゝにより、一藩の旧制を斟酌すること左のごとし。

一、御誓文を旨とし、さらに政治の目的を定む。

一、諸事　朝廷の意を奉じ、藩屏の任をつくすべきこと。

一、武備充実のこと。

一、四民安堵のこと。

一、公議を立つること。

一、文明を進むること。

右六ヵ条を目的とし、目的によつて規則をたて、条々並行してもとらず、大小事務をあげんを要すべし。

とあり、以下職制九局・藩議会・建白・身格等級・教育・兵役・監察・刑法、各部局の権限などについて十一ヵ条が示されているが、注目すべきは「藩屏《はんぺい》の任をつくす」とあって、藩体制保留のままにおける改革であることである。

明治元年十二月から二年にかけての改革は、藩体制解体の方向がみられる反面、その限界のなかで藩体制強化・保留の一面もみられる。

佐賀藩権大参事

明治二年二月二十三日、直大は江藤・副島らを同伴して京都から帰国の途についた。二十九日伊万里に上陸し、三月一日佐賀城に到着した。

江藤は参政(相談役)に任命され、さらに佐賀藩権大参事の兼任を与えられ、三月二十八日、副島が藩主直正とともに江戸へ向けて離佐したのちは、改革の全権をゆだねられ、中心となって敏腕をふるったのである。

まず、従来の藩政における保守派の人物、執政原田小四郎を解職し、軍制改革・藩政改革に着手した。

三治職制

府・藩・県の三治職制においては、藩だけには、まだ軍事権が保留されていた。それを、佐賀藩の「藩治規約」では、家政から分離して藩政府に軍事権を移し、朝廷に奉還した形をとって軍事局に組み入れたのである。

これによって東北出兵の経験から、十五組にわけた旧藩時代の門閥を長(寄親《よりおや》・組子《くみこ》)とする同族的家臣団の編成を解体し、「兵隊の将長」は推薦制とし、藩知事の任命によることとした。

また給禄についても世襲的家禄を原則的には認めず、給料とし、軍事局に給米を渡し組頭が配当することにした。家株として売買などしていた者たちは、「不法の暴断」として反対した。

江藤はさらに非常の場合に備えて、「市兵」「農兵」の制をも計画していた。封建的武士団を解体し、新しい徴募による兵制への過渡的段階であった。

一方で下級武士層(足軽)の給禄を扶持(給料)に改革したが、他の一方では、富国強兵策により文官よりも武官の階級・俸給を厚遇し、軍隊を重視することに意を用いた。江藤自身も、二十五石から三十石の給禄がないと、生計はささえられないことを言明しており、本禄(平禄)を与えられていたもの(士)は当分据え置いた。

軍制改革と暗殺未遂事件

この軍制改革、なかでも「十五組」解体・卒祿改革などの点で、下卒の間では江藤に反感を抱き、暗殺を企てる気配さえあった。実際には、江藤がふたたび上京した十二月二十日夜、藩邸から自宅に帰る途中、六人の兇漢におそわれて重傷をうけた。

『太政官日誌』にもあるように（十二月二十一日）、宮内省から見舞をうけ、叡聞《えいぶん》に達して「養生料」百五十両を下賜されている。

版籍奉還に前後する藩政改革が、旧体制を改変してゆく過程には、このような抵抗が、かなりあったようである。

民政改革

江藤は藩政府機構・軍政の改革とともに民政の改革にも意を用いた。その詳細は『江藤家文書』の『民政仕《し》組《くみ》書』によって知ることができる。従来は藩政の大綱のみしか知られていなかったが、この『仕組書』によって、一般的な地方政治の実態を知ることができるのである。

『民政仕組書』

江藤はこの『仕組書』で「村仕組」「村寄合規則」「町仕組」「町組合規則」「市令郡令職制」「郡政規則」「商社大意」「工社之事」「陶器仕組之事」「繁昌之仕組」「飛脚屋之仕組」「証印税之仕組」の十三項目にわたる詳細な内容を規定した。末尾に項目だけで内容が記されていないものに、「貧院之事」「老幼院之事」「病院之事」「学校之事」の四項目が挙げてある。

村仕組

村仕組（村制）では「四民安堵の基本」となるものであるから「民事」（民政）を整えなくてはならないとして、まず行政単位を規定した。税財政の立場から千五百石から二千石ぐらいの高をもって一村とし、五人組を廃して二百戸を一組合とした。組合中に咾《おとな》役を総代として、庄屋・村役は明確に行政官とした。また組合では咾を長とする寄合《よりあい》（二百戸を一村ともしたので村寄合となる）を月に三度ばかり開き、庄屋・村役らは介入できず、また咾は庄屋仕事（行政執行）には関与できなかった。庄屋・村役は「諸事行運之役」であり、咾・寄合は監督機関であるとしている。すなわち、寄合は立法機関で行政官から独立し、咾はその長であり、江藤の、地方議会による自治制への認識がうかがわれる。

村寄合

さらに庄屋・村役・咾は寄合の席上で選挙される。寄合の構成員は、武士（卒は別）・婦女子・奴、在住三年未満の者を除いて、二男・三男を問わず、男子二十歳以上の者であった。また役員（庄屋・村役・咾）の任期は三年であり、庄屋・村役も役員改選のときだけは寄合に出席することができた。

この制度が廃藩後まで実施されていたならば、江藤の地方自治制に対する施策は高く評価されたであろう。

町村行政

当時、全国的にも、幕藩体制下の地方行政から新しく脱皮していたのは、明治元年における「京都府職制および仕法書」があり、上京大組と下京大組、二十の町小組に分け、同二年三月東京府において名主を廃し、五十区に分け、同年五月大阪府において三郷を廃し、四大組と町組とに分けた例しか認められない。

江藤の寄合では村法を立て、殖産興業を計り教育を進める方策を立てることと定めている。

町仕組は簡略に示されているが、百戸を一町として、町寄合を開き、その内容は村仕組の場合とほぼ同じであった。一重《ひとえ》町を二重《ふたえ》・三重《みえ》と新町を作り、繁昌させようというのであった。

郡令・市令職制

郡令・市令職制では令の絶対的地位が定められる。また令は行政上の上意下達、訴訟を掌るものであった。刑法上の問題は市郡を問わず評定局で扱うので、民法上の教化禁令を委ねられていたのである。

郡政規則

郡政規則の中で目立つのは、商人に屋号を称えさせ、名字を許さないという身分上の差別を示し、地主階級に対し、田地五町以上は自作地であっても小作地であっても所有を許さないと定めたことである。

一方では商業物産を奨励するが、身分上の差別をおき、商業資本、地主らの寄生地主化を押さえている。幕藩体制以来の商業統制、農民の階級分化を防ぐための方策である。

商社の大意

幕末の佐賀藩々政改革以来の方向を維持したものといえる。

「商社の大意」では「西洋商社之規則」によって、「舫《もや》ひ商《あきな》ひ」「舫細工《もやいざいく》」と称して、「工社」「商社」を作ることを指示している。

佐賀は「米商《あきな》ひ」から始めて呉服・材木などの商売に及ぶべきだと教えている。

陶器仕組

陶器仕組では、伊万里焼(有田焼)が日本一の名声を得ているが、生産高と生産費とについて次の点に着眼している。

第一、上品すぎて値段高し。

第二、細工下手なるゆゑに万古《ばんこ》焼のごとき貴重高上したる手際《てぎわ》なし、よつて流行するに至らず。

第三、形の物は作れども、手細工にて器械のしかけなきゆゑに、千百あつらへても形容違《かたちたがわ》ざるのことできず。

第四、右につき、花筒《はなづつ》などのごとき一ツ二ツにて済《す》む品ならでは外国にも行かず。

また外国人向きの食器・皿・コーヒー茶碗などの日用品を作り、千枚作っても形が整一になるよう機械化し、焼く温度なども科学的に考慮工夫して、大量に生産して、生産費を安くすることを力説している。藩の輸出品として最も価値の高い有田焼であるので、新様式に改良することに意を用いている。

「繁昌之仕組」には特に新しい施策はないが、「証印税之仕組」「飛脚屋之仕組」には興味がある。

証印税

証印税は、印紙税の淵源であり、明治六年二月、受取諸証文印紙貼用心得方規則が出され、後に証券印税規則となり、明治三十二年、印紙税と変遷しているものである。しかし江藤の証印税はあくまでも、貸借関係の信用証紙であった。藩の雑務局（税財政を掌る）から広・狭両様式の証紙を出し、広紙が貸借手続、狭紙は質受手続に用いたのである。証印税は金額の三百分の一程度であった。

飛脚屋は近世以来のものを制度化したものであり、民間の営業とした。

以上の各仕組の最後に、

大寄合

右の諸条それぞれ相運び、事柄相貫き、物産相進み、土地繁昌の道相開き、金銀融通の道密ならず、そのうちに一町一村の組合仕組もかなりに相運び候はば、其上にては一組合より壹人宛《ずつ》人撰《じんせん》して惣代人を出して、郡令・市令の下に大寄合をおのおの相始め、所謂一郷一所の議事院を立てんと要す。この議院折りあひ、相対それぞれ行はれ候上、御城下に下之議院を起し、惣じて出納相集る仕組相立て度き事、左に候。

とあって、貧院・老幼院・病院・学校などの厚生福祉施設の項目だけがあげられている。

この末文は未着手の内容であるが、町村会の上に連合会・県会などを予定した地方議会を、江藤は腹案として考えていたことを示すものである。彼の法制に関する見識は所を得たならば、地方自治に対して寄与するところが大きかったであろうことは疑いない。

この民政も、事務章程の不備、旧諸役所整理の困難などが障害となったが、郡政における『民政仕組書』の実施は、『鍋島直正公伝』にも各方面について証明されている。しかし、すべてにわたっては急速に改革されず、徐々に進んだ模様である。

江藤は改革が軌道にのったところで、明治二年十月十八日、政府から上京を命ぜられ佐賀を離れなければならなかった。

中弁

十一月八日、中弁に任命され、従五位の叙位を受けた。

中弁（官）は太政官の下にあり、現在の内閣官房と法制局とを兼ねたような職務を掌る制度局取調係（議事取調所の後身）の職名を受け、議事機関・法律制度を調査・立案することを委任された。

当時、この制度局の係官には、森有礼《ありのり》・田中不二麿・神田孝平・加藤弘之・津田真道らの新進気鋭の有能者や、副島種臣・福羽美静らの古今の制度に精通した権威者が参加していた。

江藤はこの「制度局御用掛《がかり》」の時代に、新しい国家機構についての案を多く提出している。

国政改革案

明治三年閏《うるう》十月二十六日、大久保利通とともに三条実美宛に出した国政改革案も、江藤が原案を作ったもので、『江藤家文書』によると、「江藤胤雄草」と署名がある。この『江藤家文書』（佐賀県立図書館所蔵江三一三―三三三）によって、中弁時代の活躍状況がよくわかる。

一般官制についてのべた「官制草案」をみると、「兵部省」を解体し陸軍・海軍の両省に分離する案（明治五年二月実現）、民部省を廃し（明治四年七月廃止）、刑部・弾正を併合して司法台（省）を設置する案（明治四年七月実現）などが出されている。これらの案件は政府に採用されて、ほどなく実現されている。

近代的官制

明治二年の版籍奉還後の七月、復古的太政官制として二官六省が置かれたが、この江藤らの改革によって近代的官制に移行していったのである。

当時の官制改革によって、政府の行政権は強化され、大臣や大納言、各省の卿などの公卿・諸侯らの手をはなれて、参議、各省の大輔など、雄藩（薩・長・土・肥）の改革派藩士のもとに、その実権が移されていった。

官制改革案

明治四年三月二十九日、諸藩へ官制改革の「御下問」（諮問）が出されたが、これに対して江藤は「官制改革案」（『江藤家文書』江三—八）を提出した。

その案の中で、府・藩・県が地方民政の官であるところから、民部省の管下であるが、諸省の諸寮・司の命令も受け、また太政官に直結する場合もある。このありさまは「号令多門」であり、民部省を廃し、諸省の専司、また総括的に太政官の直属としたいと述べている。このように行政権を統一し、裁判権も地方の府・藩・県から中央に統一して、「知事の任はただ養民興利の一辺を主と」すると述べ、地方官を骨ぬきにし、中央集権の実を挙げようと考えている。

藩の意識

藩を背景として、藩の意識を濃厚にもちつづけていた改革派藩士らが、政府官僚となって、藩主の手をはなれて独立しはじめていたとき、江藤もこの官制改革案によると、藩の意識をのりこえて、中央集権政治の政府官僚として、一段と成長しはじめていることがわかる。

兵備についての覚書

『江藤家文書』(江三九一の一)によると、兵備についての覚書があり、海陸軍備方策をたてている。その序文を現代語に訳すと、

現在、世の人々で軍備が緊急の課題であることを論じないものはない。しかしながら、国家の財政を考えないで、強力な整備された軍備を設けることは、

懐中に一銭も持たずに千金という高価な利刀を腰にさしているようなものだ。たとえ他人から害を受けることはないにしても、自分自身が飢えてしまう。だから国家の軍備は国家の財政を考慮した上で、設けなくてはならない。現在維新戦争後で財政が窮迫している。この事情をよく考えて軍備を設けなくてはならない。

国家財政とのつりあい

とあって、国家財政と軍備は調和していなくてはならないと論じている。

十万石に軍艦一隻

そして軍備を、海軍においては現石十万石に軍艦一隻を課し、軍役に定め、乗組員の手当から一切の経費を藩の負担とした。また陸軍は十万石以下の各藩で、一万石につき一小隊(六十人)を課し、軍役とした。その兵士をえらぶ方法は士・卒・民を問わず強壮な者を徴兵することにした。さらに、「民法」が制定されてからのちに、男子二十歳から二十三歳まで月に三度訓練を受けさせ、府・藩・県で取締り、平常はそれぞれの職業につき、非常に際して兵備に参加するという徴兵制の草案も立てていた。

官制の集権化

一方で官制を中央集権化していったが、他方、軍備については、藩を解体する前ではあり、各藩の軍事力に頼らなくてはならないという矛盾があった。応急策として当然である。

賞典制度

このほかに賞典制度についても提案しているが、このように江藤が諸外国の法制を研究・採用していることは驚異に値いする。彼は佐賀藩にあっても蘭学・英学を学ぶ機会があったにもかかわらず、学んでいない。結局は、洋行帰りの洋学者たちから諸外国の一般国情を学び、また制度局内部の蘭学者津田真道・西周《あまね》、英学者の箕作麟祥《みつくりりんしょう》・神田孝平らから教示を受けたとしか考えられない。

「ロシア書翰和解」

彼自身が翻訳した体裁をとったものは、『江藤家文書』に「魯西亜《ロシア》書翰和解《わげ》」(嘉永六年十一月十八日)があるけれども、これはプチャーチンがもたらした国書とよばれるもので、彼自身が翻訳したとは必ずしもいえない。

そこで翻訳された書籍によって研究をすすめたものであろうと思われるし、それを自分のものとして消化したという点では、彼の頭脳が非凡なものであったこと疑いもない。

彼は機会あるごとに、西洋知識を吸収していたと思われるが『江藤家文書』中にも、「西洋の歳時と度量衡」などのメモ風の記録を残している。

『兵法図書目録』

軍制には、特にはやくから関心を示し、「新兵教練指揮語」(オランダ語)、「水筒の図」、「兵法図書目録」、「風説覚」などの記録を安政の頃から嘉永年間にかけて書き残している。

陸海軍とも、常備と予備との二つにわけ常備軍を中央政府の所管とし、予備軍を諸藩の所属としたことなどは、アメリカの国民軍と各州の郷民兵とから学んだものであろう。

版籍奉還

版籍奉還は薩・長両藩をはじめ、諸藩において保守派の強い反対をうけながらも、

与ふべきは与へ

廃藩置県をそのあとにくるものとして、当然予想していたものは少なく、主導的立場にあった薩・長両藩内での論争が最も激しかったことは、むしろ廃藩を予知しての版籍奉還を考えたからであり、結局、論争の末実現をみたのは、版籍奉還建白書にある「今謹んでその版籍を収めて、これをたてまつる。願はくば、朝廷そのよろしきに処し、その与ふべきはこれを与へ、その奪ふべきはこれを奪ひ、およそ列藩の封土、さらによろしく勅令を下し、これを改め定むべし」とのことからしてもわかるように、藩としての、なんらかの再配分を期待していることによるものである。

『大隈伯昔日譚』にも、建白を受け入れて「版籍を没収し、封建を廃滅し、各藩歳入の二十分の一をその藩侯に給して、藩侯一家の禄となし、旧家門閥の禄のごときも、その藩侯に準じてこれを削減し、各藩の歳入に充分の余裕を生ぜしめ、これをもつて中央政府の経費の不足を補充することとし、従来の藩侯をしてその府藩の知事たらしめ、各藩養兵の制を廃して兵馬の大権を中央政府の統轄の下に帰せしむべし」とある。

版籍奉還の政治路線はこのような方向にあったのである。

薩長政府

政府はこのとき、中央集権を強化、廃藩を実現するためには、まず薩・長両藩の勢力を中心に政府の基礎をかためることが第一であると考えたのである。そこで島津久光・毛利敬親《たかちか》の両者と、西郷隆盛の軍事的才腕とを政府に招こうとした。西郷はそのころ、藩政改革に努力していたので簡単に上京するわけにいかなかった。

西郷の出馬

明治三年十月、西郷も洋行帰りの弟従道《つぐみち》からすすめられ、また十二月二十三日、岩倉具視が勅使として鹿児島に至り勅命を伝えたが、久光が病気であったため、西郷が上京することになった。かくて大久保・木戸・西郷と、土佐の板垣退助も合議して加わり、翌四年二月二日入京した。薩・長土の三藩の兵を御親兵とし、約一万の軍隊で、朝廷（政府）の軍事権を確立し、西郷は木戸とともに六月、参議に任命された。

政府の大改造

このとき政府は大改造を行って、それまで参議であった大久保は大蔵卿に、同じく参議であった大隈重信・佐々木高行は、それぞれ大蔵大輔・司法大輔に補し、政府内部をかため、ことあるごとに、問題を起した諸藩を廃していき、四年七月二日、福岡藩貨幣贋造《がんぞう》事件で藩知事黒田長知《ながとも》を罷免するといった威令を示したことなど、廃藩の機運はたかまってきた。

七月九日、西郷・木戸・大久保らが中心となり、廃藩置県の具体策を討議して、七月十四日、版籍奉還建白の四藩主を賞し、詔書が手渡されるに至った。

藩を廃すべし

江藤は文久年間より国体論にもとづく郡県論者であったことは前にも述べたが、板垣退助は、「江藤という男は、いかにも一調子飛びはなれた議論をする人物である。我が日本は、諸藩を廃し封建制度をこわし、どうしても郡県政治にせねばならぬといって居るが、我々は元来、藩命によって出動しているものであるのに、藩を廃すべしなどとは、もってのほかであると、一度は、彼の頭をなぐりつけようとさえ決心した」（『板垣退助伝』）と語っている。

理想主義者

しかし江藤らと同じ郡県論を唱えるにしても、福沢諭吉や津田真道ら洋学者たちの諸外国近代政治に関する理解から主張する立場は合理的に説得力をもっていたが、いずれも理論に走ることが多く、それらを踏まえて実現するには、力の結集が必要であった。それほど薩・長・土・肥などの軍事力をはじめとする勢力が強大であり、国内的にも対外的にも、それらの勢力を政府側のものとしなくてはならなかった。同時にそのような結束は、西南雄藩のみならず、藩として存在するもの、古くは幕府すらも必要と感じていたのである。

諸藩の解体

江藤らをはじめとする郡県論者たちも皇室を諸藩の中心とすることにはじまったが、結局その諸藩も解体せざるを得えなくなった。

「夷狄攘撫《いてきじょうぶ》」を理由として、中央集権化によって国内的統一を計ることが、彼らの政治論であった。そこで藩（藩主）を否定しなければならなかった。特に薩摩は、藩主の意志を無視し独断専行しようとする大久保・西郷を中心とする政府から解体された形であった。この鹿児島における反政府的な空気は佐賀にも影響し、反政府的な態度をとるもの、また薩・長に代って政権を独占しようと考えるものなどがひしめいていたが、結局、藩主に服従して保守的な孤立主義をとったといわれる（『直正公伝』）。

直正の退歩

藩主直正は、藩治を知藩事直大《なおひろ》に委《ゆだ》ね、みずからは大納言として国事に参与することになっていたが、明治三年八月、病気を理由に大納言を

鍋島直大（少年時代）

辞し、許されて免官となった。

しかしながら政府は「今後在職同様の心得をもつて国事御諮詢《ごしじゅん》の節々は出仕致すべき事」と別紙を添えることを忘れなかった。

島津久光と同様、政治に関与することをさけ、消極的に、時勢の推移にこころよしとしないことを示したのであろう。

直大は藩を献納

知藩事直大は、父直正とちがって進歩的であった。彼は洋行を志し、副島種臣にそのことを語ったという。その折、副島の問に対して、知藩事の職をはなれ、藩は献納したいと述べたともいわれている(『直正公伝』)。この知藩事のもとにあって、江藤をはじめとする郡県論者は、藩の存在を否定することに踏みきることができたのであった。

直大の意志は副島によって岩倉に取りつがれたが、他の強藩(薩・長・土)との「均勢」をとるため歩調をそろえるようにと、その場では藩を返上することは許されなかった。姫路藩が諸藩に率先して廃藩置県を建議して許されなかった例にも似ている。

大木喬任の見方

この廃藩置県が成功した原因は、いくらも数えることができるが、佐賀藩士であった大木喬任《たかとう》のあげた興味ある七ヵ条を引用してみる。

一、徳川慶喜の大政奉還が一つの動機を作った。

一、政府が対外政策上、国内統一の必要を感じた。

諸藩主の真価

一、戊辰戦争において官軍中の諸藩主が、誰一人として実戦に参加しなかったことが諸藩主の真価をおとした。

一、藩閥勢力に反感を抱き、その勢力を削って対等の地位にしようとした諸藩の勢力があった。

一、内乱に乗じて政権を狙ったものが、時勢の進運に伴い、それが不可能であることを悟った。

改革派の勝利

一、諸藩の改革派が保守派を押さえた。

一、西欧の近代国家の諸制度、とくに中央集権国家体制を学び知った。

以上の七つである。

建国策

江藤が直接、廃藩置県に努力した実例は、明治三年六月、中弁時代に岩倉具視から建国策の草案を委嘱されたことが挙げられる。

六月六日岩倉は江藤に一書を送り、版籍奉還後の施政大綱について「分明に一書に御したため」、「足下力を極めて御書き取り」、「殊に急々御したため」、「思召にて出《い》づるにても宜しく」ということで岩倉の意を受け、草案を書くように命ぜられた。ついで九日にも、「片時も早く御書き立て下されたく御頼み申入候」と依頼している。また十二日の手紙では、「大蔵金米出入」について江藤から質問したらしく、その回答を与えていることもわかる。「必ず外へは御内々御頼申候也」ということであった。その意見書は、「建国の体を明かにす可き事」には

廃藩への布石

じまる十五ヵ条からなるもので、天皇制にもとづく国体を論じ、租税法について詳細な数字をあげ、国家会計・郡県制度を論じて藩政改革に及び、諸藩の施政を統一し、廃藩を暗示した。士農工商の業を勧誘、諸藩主（藩知事）を政府に召集・服務させ、民部省と大蔵省とを独立分離し、兵部省で兵制を統帥、刑部省で天下の刑罰・訴訟を総轄、学制を施行するといったものであった。

中央集権の実現

そこには中央集権化の実現が鋭意示されていた。岩倉とともに木戸孝允《たかよし》も、廃藩について江藤に手紙を送り、秘密裡に相談を重ねている。表面には直接顔を出さなかったが、江藤は中弁時代に岩倉・木戸と接近して、その敏腕を買われ、一大改革に尽力したのである。かくて佐賀藩も直正歿後、直大《なおひろ》が藩の実権を掌握し、廃藩置県を進んで実行するとともに維新政府に全く同調することをみた。

七　司法卿

明治四年七月十八日、「大学」が廃止されて文部省が創設された。ここにいう「大学」とは明治初年以来、諸学校を監督するだけでなく、出版・図書・病院・売薬などに関する事務を処理する行政官庁であった。

当時、新設された同省には、まだ卿（大臣）は任命されていなかったが、次官級である文部大輔に江藤新平が任命され、江藤の下に加藤弘之《ひろゆき》・神田孝平《たかひら》などの学者が文部大丞として任にあたった。

江藤は箕作《みつくり》麟祥とともに文部省官制・職務規定・権限などを定めた。文部卿は「全国の人民を教育して其道を得せしむる責に任ず」るものとした。まだ単なる学校監督に専任する後の文部大臣とは異なり、啓蒙期の教育行政として広い意味を有していた。江藤自身も「陛下の大命を拝し、身を以て文教の創定に任じ、省務の基礎を建てんとする」といっている。

大木文部卿

文部省の創設が、その緒についたばかりの八月四日、江藤が左院議員として転出し、民部省の廃止によって民部卿をやめた大木喬任が文部卿として着任することになった。

廃藩置県後、太政官制が改革されて、七月二十九日、正院・右院・左院の三院制が設けられた。正院は天皇が太政大臣・大納言・参議の補弼《ほひつ》をうけて庶務を総轄するところであり、右院は各省の長官が行政上の利害を審議するところであって、左院は議院諸立法の事を議するとこ

大木喬任

ろであった。

左院が設置されると、九月には従来の制度局も合併になり、集議院も合併となった。

左院は江藤が後藤象二郎とともに計画したものであり、採用され、発表されると、ただちに江藤は一等議員として任命された。ついで左院議長に後藤象二郎が、副議長には江藤が任命された。

左院副議長

従来の集議院は各藩から選出された議員によって構成されたものの、政府の単なる諮問機関であった。左院は議員は官選であるが、立法権の独立が確固たるものとなり、多数決により、左院の専議が重んじられ、行政権に対抗し制度・規則の創立・改廃はすべて左院で決することとなった。

左院の専議

江藤は藩閥政府に対抗する意味で薩・長両藩以外の諸藩士の中から人才を物色して議員を選任した。

四年十二月二十七日、発表された左院の事務章程に、「およそ制度条例を創立し、或は成規定則を増損更革する事、すべて議決の上、正院に上達すべ」きであり、「およそ一般の布告する諸律制度は、本院これを議するを通則とす」るのであったが、江藤が司法卿に転任したのちには、「本院の事務は、会議、および国憲民法の編纂、或は命に応じて法奏を草することを掌る所」となってしまった（六年六月二十四日）。

国憲民法編纂

左院議長の後藤象二郎は、江藤の推薦にもかかわらず三条実美の反対をうけ、九月になってやっと工部大輔から議長に着任したが、すべて副議長の江藤にまかせきりであった。

江藤は欧米各国の法典を調査するため、少議官小室《こむろ》信夫はじめ五名を海外に派遣したこともあった（五年一月）。小室信夫は民選議院設立の建白にともに名をつらねた一人であり、また後年貴族院議長として活躍した蜂須賀茂韶《もちあき》も当時、左院の少議官であった。

江藤の副議長時代に、傑出した政治家・政治学者を擁したこの左院において、あらゆる法制を議事し、司法裁判についても定律のないものは左院の議を経なければならなかった。

江藤の研究調査

江藤は政府で会議のある前日は必ず休んだという。それは何故かというと、自宅にあって、必ず充分、問題を研究して調査したからで、会議に出席すると滔々と弁論したと伝えられている。

従四位の辞令

四年十二月八日、江藤は従四位の辞令を手にした。彼の左院副議長時代の活躍がしのばれる。在任中、被差別部落の解放、華族・士族の職業の自由、外国人関係の訴訟を東京開市裁判所で取扱う事、貢米金納の件など、中央・地方の官制の改定についても実績をあげるに至った。

江戸軍監・藩政改革以来、常に彼は法治的頭脳をもって手腕をふるってきたが、

三院制

左院の議員（議官）のメンバーをみてもわかるとおり、反藩閥の立場からもとの議政局（立法調査機関）ともいうべき制度局・文部省・左院などで消極的に藩閥政治に対抗していたのであろう。廃藩置県後も、参議に西郷隆盛・木戸孝允・板垣退助・大隈重信という顔ぶれであり、大蔵卿に大久保利通、文部卿に大木喬任などを数えると、薩・長・土肥から三名ずつ大輔以上の要職についている。その藩閥的な空気をさけて、江藤は太政官のうち、行政の表面からはなれた立場にあることをのぞんだのであろう。正院の下あって右院は行政直接担当者で構成され、左院は立法機関であった。正院・右院が藩閥的であったのに対して、江藤は左院で藩閥から超然としようと試みたのである。この三院制において江藤が左院で活躍したことは、彼の政治的性格を物語る重要なカギが存在することを認めずにはいられない。

徳富蘇峯もこの点について、（原文語体）

江藤は不幸にも佐賀藩の出身であった。彼が薩長人であったならば、彼の生涯の歴史はこの書物に書いたような帰着点とは違ったものになったかもしれない。佐賀は鎮西《ちんぜい》の雄藩である。直正公は稀にみる名君であった。しかしながら維新前後において、佐賀藩の挙動は、すこぶる公明さを欠いていた。天下の動勢を傍観して、大勢が定まって始めて方向を決定したといえる。全国の諸藩の大部分がそうであったが、軍事力の強大さと長崎防備を預っていたため、かろうじて他の三藩と肩をならべることができたのである。維新当初においては薩長土肥、その勢力は五分五分であった。そこで薩長が専権を得たならば、不平を感ずるのは、それらと勢力のそれほど変らない肥前人である。肥前人である江藤が、薩長と接近できなかったのは決して不思議ではない。まして江藤のように鋭敏で熱情家であればなおさらのことである(『人物偶評』)。

と述べているが、簡単で要を得た観察である。生れが下級藩士であったばかりでなく、純粋な人柄であったので、藩意識にこだわりすぎ、また理想主義的でもあり、

純粋な一徹者

反面、内向的な不平家としても成長していったのである。それだけに、ますます純粋な一徹者《いってつもの》として政治家としてよりも政治学者のような非現実的な態度をとるようになったのであろう。

西郷のような神経の太さも、大隈や大久保のような狡猾《こうかつ》さも持ちあわせなかった。頭のするどい、議論ずきな、テーブルにつき常に洋食を嗜《たしな》んでいた青年政治家であった。

教部省御用掛兼勤

明治五年三月十四日、神祇祭祀の事務は、神祇省から宮内省式部寮に移されて、神祇省が廃止され、宗教統轄のことのみを掌るものとして教部省が生まれた。十月二十五日には文部省に合併されたが、教部省の設置と同時に、江藤は左院副議長のまま「教部省御用掛兼勤」となった。

江藤はこの教部省御用掛りに在任中、いくつかの改革をこころみたが、その主なものを拾うと、三月二十七日に社寺の女人開放（女人禁制を解く）を布告することとなった。このことは、のちに四月二十五日、僧侶の肉食妻帯および蓄髪を許し、法要の外は、人民一般の服を着用してもよいとの布告とともに一大紛擾《ふんじょう》をまきおこす結果となった。京都・奈良・大阪の僧侶たちは、集会を催し反対の決議をさげて三百余名の代表が上京し、教部省に抗議した。この事件のときにはすでに江藤は同省にはいなかったが、江藤が佐賀から招いた高木秀臣七等出仕が説得して事を鎮めたのであった。

司法卿

五年四月二十七日、左院を去って司法卿に昇進した彼は、五月二十四日教部省兼務を解かれた。

江藤は制度局中弁のころから官制改革に意を用いてきたが、さらに左院時代になると、立法権を独立させ、法治組織を完成しようとした。司法権についても、四年の春以来、「官制案」によってその独立を説いた。

府県知事の権限

当時府県の知事が、訴訟断罪をも権限内においていたことを、中央に統一すべきであると論じていた。政府はさしあたり、中弁江藤に警察制度について欧米各国の実情を調査研究するように命じた。しかしながらこのとき江藤は結局洋行せず、川路利良のみ五年九月に調査に派遣された。

江藤の司法・行政未分化に対する意見は採用されて、廃藩置県の直前に、明治四年（一八七一）七月九日、司法省が設置された。

司法省設置

江藤は着任後一ヵ月で、五月二十日司法事務に関して太政官に伺

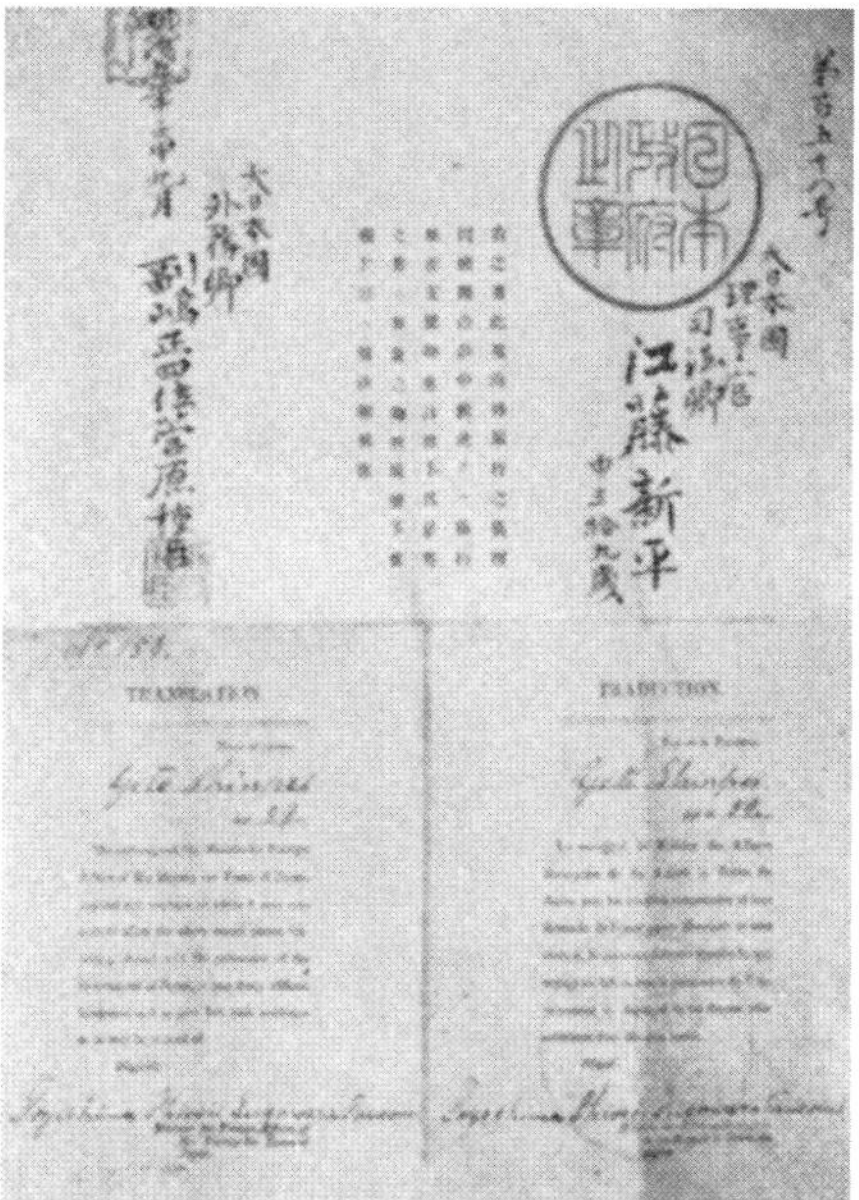

海外渡航許可証

いを立てて認可された。

司法事務

第一条　本省は全国の裁判所を総括し諸般の事務を掌る。但し裁判の事に関係する事なし。

第二条　上裁を仰ぐべき事件は総て本省より奏請すべし。

第三条　卿輔の任は裁判官を総括し、新法の草案を起し、各裁判所の疑讞《ぎけん》を決し、諸裁判官を監督し、進退黜陟《ちゅっちょく》するの権あり。

第四条　諸裁判官軽重罪を犯す時は、本省に於て論決すべし。

第五条　事件政府に関係する犯罪は、卿輔聴許せざれば裁判官論決するを得ず。

司法権の独立

右のとおりで、第一条は原則、以下司法権の独立とともに、第四条・第五条で予想される具体策を立てたのである。また同時に東京府と同様に「各府県ノ裁判所モ即今《そくこん》ヨリ判然引分ケ、司法ノ管轄ト相定メ」たいと伺いを出した。
八月三日太政官達《たつし》で、「司法職務定制」（司法省職制ならびに事務章程）を制定した。その「通則綱領」をみると、「各課権限ありて、互に相干犯《かんぱん》することを得ず」とあり、また第二項には、「司法省は全国法憲を司り各裁判所を統轄す」とあって、司法省の性格を確立しようとしたことがはっきりする。

司法省事務章程

また事務章程に関しては、

一、新法の議案及条件を起す。
二、地方の便宜に従い裁判所を設け、権限を定め、費用を制す。
三、全国の犯罪を論決す。
四、（以下略）

裁判所・検事局・明法寮

とあり、司法省の具体的な役割を示している。また省務は、裁判所・検事局および明法寮の三つに分けられていたが、これについて、江藤は六月九日の上奏には、公正な裁判所判事と、これを監視する検事(局)、法律調査研究の機関としての明法寮との三つをとくに主張している。

裁判所は、「国家の大事に関する事件、及裁判官の犯罪を審理す」る司法省臨時裁判所と、「各裁判所の上に位する」司法省裁判所、また各地方に「出張裁判所」、各府県に「府県裁判所」、その管下に各区の「区裁判所」を設置することにした。

明法寮

明法寮に関しては、「法律を申明《しんめい》」し、「新法を議草」し、「各国の法を講究」「条例を撰修して法律を調成」「維新以来布令法章」を編纂・考証するものとする。法制局と同様であり、議会と同じく立法権までも有する観があった。

行政と司法の分離

司法省による司法権の独立に関しては、江藤の改革が中心となり、わが国の司法制度の発達に与えた影響は大きい。行政官庁と裁判所との分離を目標とすることにより、司法制度の近代化を果したのである。

この一大改革については、太政官も認可はしたものの、「仮定の心得をもつて施行いたすべきこと」と但し書きを付けたほどであった。明《ミン》律・清《シン》律以外の先進的な欧米諸国の法制にならったため、政府も改正の余地を残しておこうとしたのである。こうして八月二十三日司法省達《たつし》をもって、九月一日より施行する布告を出した。

マリア＝ルース号事件

このころ有名なマリア＝ルース号事件があった。明治五年四月、ペルーのマリア＝ルース号が、広東付近で、二百三十名ほどの苦力《クーリー》を買い集め、帰国の途中台風にあい、横浜に寄港した。入港中二人の苦力が逃げ、イギリスの軍艦に救いを求めたので、イギリス公使ワットソンは外務卿副島種臣に通告したのであった。副島は清国に対する好意と、正義観ならびにペルーが条約未締結であり法権がわが国にあるとの公法上の立場もあり、神奈川県令陸奥宗光に裁判を命じた。県令

神奈川県権令大江卓

は反対したので、権令大江卓《たく》が全権を委ねられた。前に述べたように司法権が統

一されたので、実際は神奈川県庁には権限がなかったが、特命によって裁判権を委任された。清国人を虐待《ぎゃくたい》したことと、船長からの損害賠償の請求に対しては、奴隷売買は不法であると両面にわたって判決をした上、二百三十人の苦力は清国政府に引渡した。しかしながら外交上の大問題となり、ペルーとの間に紛争がつづいたが、ロシア皇帝の仲裁で一応落着した。

奴隷売買は不法

この事件の審理中に、船長の代言人（イギリスの法律家）から大江権令に対して重大な発言がなされた。その抗議文の第六条に、「売奴ノ一件ハ日本法律及ビ規矩《きく》上ニカツテ禁制スル所ニアラズ」という文章があり、また最後の公判にあたって同じく船長代言者から、「此ノ約定ハ日本国ノ規矩ニヨレバ必ズ遂ゲ果スベシ。日本国ノ規矩ニテハ今一層拘縮《こうしゅく》ニシテ忍ビ難キモノ（ママ）アリ。蓋《けだ》シ売女ノ約定ナリ」と論述があり、年季証文の写と横浜病院医治告服書を証拠として提出するに至った。

売女の約定

大江権令もこれには閉口して、政府にしきりと上申した。政府内での論者が江藤新平その人であった。司法省を築き、人権擁護に意欲を燃やしていた精悍《せいかん》なる法律家であった江藤は、この問題に最も強い関心を示した。

人身売買の禁

政府も遂に人身売買の禁止（娼妓の解放）を断行することに決定して、明治五年十月二日太政官布告第二百九十号によって発布された。

マリア〓ルース号事件発生よりわずか三ヵ月目にこの発令をみたのである。この事件は意外な副産物をわが国にもたらしたわけである。その第一条には、「人身ヲ売買シ終身又ハ年期ヲ限リ其ノ主人ノ存意ニ任セ虐使致シ候ハ人倫ニ背キ、有ルマジキ事ニ付、古来制禁ノ処」とあって、「古来制禁ノ処」としてきりぬけたのである。

娼妓芸妓ハ牛馬ニ異ナラズ

司法省においても十月九日司法省第二十二号によって達するところがあった。その文面には、「娼妓・芸妓ハ人身ノ権利ヲ失フ者ニテ牛馬ニ異ナラズ」と強い表現があるが、それにつづいて、「人ヨリ牛馬ニ物ノ返弁ヲ求ムルノ理ナシ」というのは、すこしばかり乱暴な言葉であることなど一考を要するが、とにかく当時としては大英断であった。

牛馬きりほどき

しかしこの法令が、「牛馬切りほどき」と俗称されただけで、外交政策上の結果として重視され、一般国民に認識されなかったことは惜しまれるところである。

江藤は、この司法卿時代に監獄制度、裁判における代言人(弁護人)・公証人・代書人、傍聴の制度、復讐の禁止、さらには警察制度など(前述)について改革・創設して多大の功績があった。

民法編纂

江戸鎮将府判事・制度局中弁・左院副議長・司法卿と明治初頭の官制・法制に尽した主要人物としての江藤は、公法とともに私法(民法)の編纂事業にも深く関係するところがあった。事実、法典編纂は制度局・司法省・左院などが中心であったが、それらの場所で、いずれも江藤が主脳者の立場にあったのである。

明治初年における第一回の民法編纂は太政官制度局で明治三年九月より四年七

月ごろまで行われた。制度局中弁であった江藤は、箕作麟祥が翻訳したフランス民法を逐条《ちくじょう》審議し、毎月三・八の日に民法会議を開いていたらしい。江藤を会長とする、神田孝平・加藤弘之・渋沢栄一ら七－八名の会員と、納言・参議、制度局などの官吏も出席して審議がつづけられた。一章一条ずつ議定（議決）していこうとしたが、訳出・字義に議論続発し、その内容を理解し、わが国に実施することには、まだ余程の時日を要するものとみられた。

左院創設

このように制度局における民法会議も効果を挙げることができず、太政官職制の改革で制度局も廃止されたが、これに代る「議員諸立法ノ事ヲ議スル所」である左院が創設された。明治四年八月左院創立とともに民法会議は再開された。左院での民法会議は、納言・参議・諸官省会員は出席せず、副議長である江藤の下に、箕作麟祥ほか議官有志の数名が参加したが、字句の評論に終ったらしい。

司法卿

江藤が明治五年四月二十五日、三十九歳で司法卿に任命されてから後は、民法

司法卿時代の江藤とその下僚（江藤冬雄氏所蔵）

警保助　阪本　政均
中判事　尾崎　忠治
権大判事　松本　暢
七等出仕　松岡　康毅
警保頭　島本　仲道
少丞　丹羽　賢
少丞　渡辺　驥
明法権頭　楠田　英世
司法卿　江藤　新平
大輔　福岡　孝悌
権大判事　玉乃　世履

編纂会議は急速に進展していった。

まず左院議長後藤象二郎と協議して民法会議を司法省に移し、左院議官・司法省判事ら七―八名の出席によって開いた。

こうして箕作麟祥が訳したフランス民法を基礎として協議し、江藤は拙速主義をとって一日も早く法治国家を実現しようと努めた。

フランス人ジブスケもこれに加わり、明治六年三月十日には、「民法仮法則」八十八条が完成したが、実施されるには至らなかった。また慶応三年十月より明治五年に至るまでの法規を集録して『憲法類典』を編んだが、その緒言に、「そもそも西洋諸国、法を設くる体、その別あり、いはく国、いはく刑、いはく治罪、いはく民、いはく商、いはく訴訟、しかしてその帰を要するに国・民の二者に出《いで》ず」とあって、六法を考慮し、憲法と民法を最も基本的な重要法典と考えていたことがわかる。

民法典の編纂はこののち、六月に左院に移され、明治八年四月、左院廃止後は、ふたたび司法省で行われ、大木喬任司法卿のもとに、ボアソナードを中心に推進

『憲法類典』

された。

「興国策」

江藤の法律制度完備に対する意図は、明治六年五月十二日に書いた「興国策」をみると、「それ兵と法と一度相整はば、是迄条約をもつて制せられたる外国交際・通商の事、皆各国同様に改正せんと欲す。しかして彼、無理に我改正を承諾せずんば理の曲直を相分ちて戦と決して談判すべきなり、しかして談判若し整ひ条約改正に至らば、我始めて外人の御国中に在る者へ皆我国法を奉ぜしめて違はざらしむ」とあり、軍備と法制とを整えて、世界列強と「並立」しようと期していたのであって、目的は結局条約改正にあり、対等条約を結ぶことにあったことがわかるのである。江藤は司法卿として直接、条約改正に関係はしなかったが、間接的には独立国として法権を確立しようと事を急いだのであった。

軍備と法制

また司法卿時代、前述したようにヨーロッパ各国に派遣されようとしたが結局、省務が繁忙であったため実行されなかったが、随行として選任され、実際に先発した八人のうちの一人であった井上毅《こわし》に語ったように、「研究学習して彼《か》の文物に通暁《つうぎょう》せんと欲せば二－三ヵ年の日時も足れりとせざるべし」であり、江藤の欧米視察が実現していたら、さらに大きな事業も成しとげたであろうし、また佐賀の乱における非運も招かなかったであろうと考えられる。

八　佐賀の乱

参議となる

明治六年四月十九日、司法卿正四位江藤新平は参議に任命された。同じとき左院議長後藤象二郎・文部卿大木喬任もそれぞれ参議となった。

当時政府において各省の長官を参議として兼任させる方針をとり、太政官制を一部改革して、内閣を設置、各省長官も参議として内閣の閣議に出席させ、諸事を決定するようにした。このときに参議を三名増員したのである。

内政改革

このような内政改革が、岩倉具視《ともみ》遣外大使一行の留守中に行われ、朝鮮問題も西郷を中心として一挙に解決しようとする動きがみられた。

いわゆる遣外大使派としては、特命全権大使岩倉の下に副使として木戸孝允・大久保利通・伊藤博文・佐々木高行・山口尚芳らが海外視察に出ていた。それに対し留守政府は太政大臣三条実美の下に、西郷派として、外務卿副島種臣・参議板垣退助・参議左院議長後藤象二郎・参議司法卿江藤新平らがおり、外遊中の木戸派として大蔵大輔井上馨・陸軍大輔山県有朋、大久保派として参議大隈重信・開拓次官黒田清隆らがいた。

留守内閣

留守内閣の西郷派は、つねに木戸派の井上、大久保派の大隈と意見にくいちがいを生じていたのである。もともと四年十一月、外遊に先だって留守中取極《とりきめ》書を作成し、その第六条に「内地事務は大使帰国の上、大いに改正する目的なれば、其の間、可《なる》レ成《べく》丈《だ》け新規の改正を為すべからず。万一やむを得ずして改正する事あらば派出の大使に照会をなすべし」とあって、国内政治に関する内閣の権限は骨ぬきにされており、また諸官省とも人事の異動・増員なども自由にならない状態におかれていた。江藤の司法制度改革も、このような制限の中に進められたのである。

参議を兼任した江藤は、太政大臣三条実美から重大な任務を委任されることになった。それは鹿児島の島津久光を政治に参加させ、政府の側に導くことであった。

島津久光を招請

島津は廃藩以来の新政体をよろこばず、明治五年六月には建白書を上呈してその保守的な態度を明らかにした。すなわち、西郷・大久保らの旧鹿児島藩士の職を免じ、帰県させ、鎖国的な、封建的身分制度を復活するような体制を進言した。島津を中央に参加させたい旨の天皇の命を受け、三条実美は江藤にその任をゆだねたのである。

島津の鎖国

五年五月十七日、三条は江藤に宛てた手紙で、「島津老卿に政見を尋ねることになっていてまだ実行されていないが、とにかく一－二ヵ条でもよいから答を求めたいので、急いで四－五ヵ条の御下問案を考えて欲しい」と申し送っている。さらに十九日の手紙では、「風邪で休んでいるのでおいでいただきたい。ぜひお

建白書に対する返答

会いしたい」と急いでいる。七月四日の江藤宛の三条の手紙には、「以前から頼んでいたとおり、島津老人に、貴方が実際に面会して、政府の方針を理解してもらうことを承知して欲しい。板垣や大木らも島津に面談して、かなり島津の疑惑も氷解したらしいが、島津に政府に参加してもらうためにも、彼の建白書に答えるためにも何とぞ出向いて会って欲しい」と切実に訴えている。

　島津久光は保守派の代表者であり、西郷や大隈の辞職を要求したり、旧薩摩(鹿児島)藩閥の重臣を左右する権限をもち、ことごとに政府の方針とくいちがっていた。のちに岩倉具視も三条実美に宛てた手紙に、「自分が進退を左右しても天下の人心は動かせないが、久光ならばその一進一退によって天下の人心に動静を与える」と告白しているのをみても、当時の島津久光の重要な位置を知ることができる。

　江藤はこのような任務を与えられたのである。しかし島津は病気と称して、なかなか政府の求めに応じようとはしなかった。したがって江藤としても困難な仕事であり、それほどの効果を挙げるには至らなかったと思われる。大久保らとおなじく、島津にしてみれば江藤は軽輩の一藩士としか見えなかった。

征韓論

明治六年六月、明治初年以来こじれてきた朝鮮問題が重要な段階にいたった。三条実美は閣議を召集して、朝鮮問題を議案として提出した。対朝交渉として続けてきたものも、お互いに強硬な態度に出て、武力を行使する一歩手前まで来てしまったのである。

正院では太政大臣三条を中心に、西郷・板垣・大木・大隈・後藤・江藤の六参議が参加して議案が審議された。

全権大使の派遣

板垣は「居留民を保護するため一箇大隊の兵を送り、強硬に修好条約の談判をすべきである」と主張、西郷はこれに反対して、「いま兵力を送ると誤解を招くし、それは最悪の事態に至ったときでよく、責任ある全権大使を派遣して交渉す

大久保の帰朝

べきである」とした。三条も派兵を主張したが、板垣も西郷に服して派兵を思いとどまったので、西郷は自分から全権大使の大役をかって出た。

その間に三条の要請で、岩倉の帰国に先だち、大久保は五月二十五日、木戸は七月二十三日、ひと足先に帰国した。

この頃、琉球小田県の漂流民が台湾部族から虐殺された事件が起り、政府は全権大使として外務卿副島種臣を清国へ送った。西郷も副島の帰国を待って、ふたたび閣議を開いて決定することとした。

青年時代の副島種臣

副島も帰国して大使の選任について論争し、西郷遣韓使節のことに賛成した。西郷は自分が大使にならんとして三条・板垣をしきりに説得していたが、三条は岩倉大使の帰国をまって決定したかった。しかし、板垣・後藤・副島らが一致して西郷に賛成しているので、ついに八月十七日閣議を開いて方針を決定し、西郷を遣朝大使に任命することとして天皇の裁可を受けたのである。発表は岩倉一行の帰国をまってすることとした。

西郷の朝鮮国派遣

西郷はその決定をよろこんで、板垣に手紙を送り、「足も軽く飛んでお宅までいきたい」「決して過激な行動に出て死を招くようなことはしない」「今は病気だが決して治療を怠らない」などとよろこび、慎重に時の至るのを待っていた。

岩倉の帰朝

岩倉大使一行は九月十三日帰国した。留守中に政府部内は改革が進み、対韓政策が進展していることに驚いた。木戸と大久保とは外遊中から仲が悪く、一足先に帰ったものの、木戸は病気になり、大久保は大蔵卿であったが、参議でないため閣議には出られず、岩倉も帰国後の政策について困惑せざるを得なかった。

副島参議となる

そこで岩倉は、大久保の参議任命を計画し、木戸に賛成をもとめ、政策上、外務卿副島種臣も同時に参議に任命することにした。大久保もやっと承知をし、副島の参議就任についても意見を求められた江藤が賛成したので、政府内の均衡がやっととれるようになった。

岩倉帰国後、対朝政策が動揺していたので、江藤・西郷らは三条に閣議を開くように要求したので十月四日に開いた。三条は閣議の準備として、すでに岩倉に相談をもちかけていた。その説明の中で、「使節は戦争を期するの意か」ということを危ぶんで、朝鮮と戦争を開くことの利害について論じている。「今度の使節は三度目であり、必死を期する必要がある。そこで戦争を予想せずにいられるだろうか。使節を派遣することは決定しているので、いまさら論ずる必要はないが、戦争を当然予想する場合、慎重に実行しなければならない」というのである。このようにして留守内閣の弱体を示し、岩倉の判断を求めた。

岩倉はその日の閣議に西郷の出席を見合わさせようとさえした。西郷は承諾せず、興奮したまま出席した。

征韓論の分裂

閣議は木戸参議をのぞく二大臣・八参議の十名が出席した。岩倉は樺太問題を持ち出して焦点をうつそうとしたが、西郷・板垣がなおも食い下がった。議論は激烈なものであった。結局、岩倉・大久保・大隈・大木らが非征韓論を唱え、結論は得られず、翌十五日、江藤は三条と岩倉に一書を送って進言するところがあった。それには、「対ロシア問題と対朝政策とは無関係であること」「西郷の決心を認めてもらいたいこと」「早急に解決しないと問題はさらにこじれ、国権を危くすること」などであった。

ロシア問題と対朝政策

この日第二回の閣議で、西郷は欠席して行われたが、西郷の建議は通過した。岩倉・大久保は辞職を表明し、大木も大隈も辞表を出すに至った。三条は当惑して病気と称して辞表を出し、一切を岩倉にゆだねた。岩倉は太政大臣代理の勅命

非征韓派の勝利

をうけてたち上がった。こうして大久保・大隈・伊藤・黒田の非征韓派は力を結束して岩倉を推進した。

岩倉は西郷・江藤の強硬な反対を押して、天皇の裁断を得て、非征韓論を勝利に導いた。西郷は十月二十三日、江藤・板垣・後藤・副島は二十四日に各々辞表を出し、翌二十五日、五参議は免官となり政府からはなれた。

対外政策の本質は論究されないで、藩閥感情と、内閣部内の派閥抗争が露骨に示されたという感を受けないではいられなかった。

大久保・大隈の勢力

五参議が免官となってからのちの内閣は、左大臣に島津久光が参加し(七年四月)、各省の卿は大隈重信(大蔵)・大木喬任《たかとう》(司法)・勝安芳《やすよし》(海軍)・伊藤博文(工部)・寺島宗則(外務)・大久保利通(内務)・木戸孝允(文部)・山県有朋(陸軍)という陣容で、薩・長が主軸を占め、土佐の勢力は没落した。三条の藩閥均衡の努力も空しく、木戸の勢力は次第に大久保に圧倒され、大久保・大隈を中心とする絶対主義的派閥政治を強化するところとなった。

富国強兵

絶対主義的専制支配を支えるものの一つは、精鋭な軍備の確立である。「富国強兵」のスローガンが唱えられ、攘夷思想にもとづく危機感もあり、さらに国内的にも軍備の充実が計画された。兵部省を廃して陸・海軍省が設置され、明治六年一月には徴兵令が公布された。幾多の問題点をはらんだこの徴兵令によって、本土・九州の六鎮台は拡充され、政府はしだいに内乱鎮圧と対外的独立の自信を強固にしていったのである。

地方行政の強化

中央政府の行政権が強化されることと並行して、地方行政を劃一化し、地行自治的体制のなかから、戸長《こちょう》階層を官僚化して行政機構の末端とするなど、地方民政は強力な中央政府の支配下におかれ、その組織を基盤として、地租改正の難事業を遂行した。地租改正は新政府の財政的基礎を固める最重要な施策であったことは明らかであるが、その裏面には、近代的土地所有観念（権）をめぐる大きな問題があり、土地所有権の帰属、土地の実地測量といった具体的な施行手続の過程には、これら新政府に直属する地方官が大きな役割を果したのである。

祿制処分

また経済改革の消極的な面では、旧武士に対する祿制処分を断行して、士族(旧武士)の就業(授産)をすすめたのも明治六年であった。

維新政府の完成への前提条件として出されねばならないものは、すべて明治六年に集中的に提示されたのである。したがって反政府的な運動もたかまりをみせていった。

明治六年の佐賀町米価の騰貴

明治六年、肥前国佐賀郡佐賀町(佐賀市)の米相場は、『佐賀県庁史料』の「官省進達」によると、一月中の平均が一石に付き、二・五六四九円強であったものが、逐月《ちくげつ》、端境期《はざかいき》に向うと共に常識どおりの上昇をみせたが、六月中の平均は四・〇七一六七円となり、五月中の平均三・三〇三三五円強にくらべて大幅な値上りを示している。更に七月に入ると五・〇二二五八円強になり、一年を通じて上下の差がこ

青年時代の大隈重信

のようにはなはだしいことは稀れである。

九月以降になると逐次下り始めた。しかしながら前年の九月平均三・〇五二六円強にくらべると四・二四六六七円と高値をしめし、十一月に入っても約一・一〇円程度、前年より高値をみせている。

この原因については、同じく「官省進達」中の明治六年六月十九日佐賀県参事石井邦猷《くにみち》等三名の県官が連名して、大蔵省事務総裁参議大隈重信宛に出した「旱《かん》魃《ばつ》之儀ニ付再御届」などによると、佐賀県内において各所とも旱魃が引続き、河川も池も渇水してしまい、所によっては、「人馬の用水」にも不自由となり、田植えもすることができず、おくれて植えても、たちどころに枯れてしまう始末であった。

また十月の県権令岩村通俊らの大蔵卿宛の届書をみると、大旱魃《かんばつ》のあとに颱風に見舞われ農作物は大損害となり、稲も粟も年収平均の半分という被害をうけている。

この災害のあと、翌七年にかけて天然痘と思われる流行伝染病が県下にひろがった。

農民暴動

廃藩置県以後、全国各地に農民による暴動が起り、地方官員とはげしく対立することがしばしばあったが、明治六年に入ると大規模なものとして九州では四月に壹岐地方、六月に福岡地方、九月に鹿児島地方などの一揆を挙げることができる。なかでも福岡地方の騒擾《そうじょう》は、佐賀県庁から参議大隈重信に宛てた「福岡県下暴動之儀ニ付御届」によれば、暴動の原因として挙げられる八ヵ条の要求を知る

封建復帰

ことができる。

一、旧知事公御帰国の上、御政事下されたきこと。

一、田畑諸税とも年貢半高御受納相成りたきこと。

一、士族中は藩政に旧復、士族の本務を専行有りたきこと。

一、官山林は従前のとほり据へ置きくだされたきこと。

一、畑税現大豆御取立廃止、米納に復し候こと。

太陽暦廃止

一、太陽暦廃止、旧暦相用ひたきこと。

一、農・商はその業を務め、穢多《えた》は元のとほり御取扱ひ相成りたきこと。

一、専ら西洋の事体《じたい》にしたがひ、且つ社寺を合併により当大旱災を相醸《かも》し候につきては、右を廃絶致したきこと。

政治的対立から階級的対立へ

右の条項をみると、この一揆が保守的・反近代的性格を有し、封建体制への逆行を意味しているようである。富豪の家を襲い、戸長の家を破ったり、被差別部落に放火したりした。最初は農民の乱暴を防いでいた商人たちも、後では暴徒と一緒になって暴動に参加した。残念ながら差別分断支配を見抜いていない。

慶応年間より明治六－七年にかけて著しい動きをみせた農民一揆も、その初めは倒幕勢力の一端を担ったが、結局政治革命的勢力に利用され、自ら政治運動の段階にまでのぼることができなかったと同様に、明治六－七年に至ると、急激な上からの改革に引きまわされ、遂には改革に逆行する力を形成すると共に、ふたたび封建体制の残渣《ざんさ》である士族群の政府に対する反対派的抗争の渦中に投ぜられ、自らの姿を見失うに至るのである。

農民・士族（無官）・小企業商人らは新政府（県政）と対立し、さらに富家・豪商との対立も表面化してきている。農民一揆の性格が、政治的対立から階級的対立へと変革しつつあるとき、それは明治政府が絶対主義天皇制を確立しつつあるときでもある。

佐賀と同じく旱災に悩んだ福岡地方のこの農民暴動は隣接している佐賀地方にも多くの影響を与えたであろうことは想像に難くない。このような封建体制への逆行を意味する一般農民の意志も佐賀の乱に結集されていたとみることもできよう。

加地子騒動

天保年間より実施された、本藩直轄地における加《か》地《じ》子《し》米《まい》（地主得分）を免除する制度は、嘉永・文久年間に、再猶予、分給令となってあらわれ、地主は所有地の二十五％、小作人は七十五％を所有することとなった。

明治になって、五年、第一次処分が行われ、土地はすべて地主の手にかえり、小作人は加地子（小作料）を半減されることとなった。

この処断は小作人のはげしい反対によって、文久年間の土地分給令に則《のっと》り、翌六年、ふたたび二十五％を地主に七十五％を小作人に与えるとあらためた。

もちろん、この第二次処分に対しては、地主側から積極的な反対運動が起った。

県庁に押しかけ、東京に代表委員を送るなど、歎願運動をはじめたのである。

大隈の指令と岩村通俊

六年八月のはじめ赴任した佐賀県権令岩村通俊(高俊の兄)は大隈参議との間に密約をして、金一万両を地主に対する報償金として下げ渡すことを唯一の地主対策として内命を受けていた。政府側は公式には大蔵省法制課などで、この第二次処分をした県の処置を非難している。

当時の地方長官が、中央政府から派遣される場合、皆そうであったように、岩村権令も中央政府の施策の一つとしてこの加地子田処分の内命をうけ、その処理にあたったが、大隈参議には簡単に落着したように適当な報告をしていた。

岩村権令の報告

これらの岩村権令の大隈に対する明治六年十二月八日の秘密報告書に記載された内容を、『大隈文書』(早稲田大学図書館所蔵)によって検討すると、

一、長官がしばしば異動するので、庁中事務が混雑している。

一、邏卒《らそつ》(政府警察)の派遣を要請して、県下の取締りを厳重にしたい。

一、士・卒の給祿について、被支給者たちが集会評議して歎願書を出したが、聞きとどけられないので惣代人を上京させ、大蔵省に伺いを立てようとしているが、極力これを説得している。

憂国党の結集

一、憂国党の結集は、当県の一難事であって、軍隊出動という大隈の案には不賛成だが、とにかく征韓論を決定して欲しい。（筆者註＝岩村は憂国党と征韓党を混同）

と、以上四ヵ条を挙げて明治六年末の佐賀県の情勢を分析している。このような物情騒然たる中に明治六年は暮れていったのである。

議事所借用

翌明治七年一月十六日、征韓党代表高木太郎以下十二名が県庁におしかけ、公選民会の議事所を借用して征韓論を討論したいと願いでた。征韓論者たちは自らの反政府運動を予《あらか》じめ設置された議事所において拡大し、ことさらに県官との衝突を招いたのである。結局は議事所（旧弘道館）を占領して気勢をあげた。

「民選議院設立建白」

ちょうどその頃一月十七日、江藤らは「民選議院設立の建白」を提出することになった。
　五参議が政府から脱して、ますます有司専制の感があった新藩閥政府に対抗しようとするものであり、江藤にしてみれば、行政制度を確立し、司法制度を独立させたのちのこととて、当然、立法府の完成をめざさないではいられなかったのである。

「国政改革案」

　江藤は、明治元年以来、監察官設置・議事院制度調査などを唱え、三年十月には「国政改革案」を提出し、中央・地方に各議院（議会）を設置すべきであると論じ、さらに、国法（憲法）を整備しようとして、民法の整備とともにその必要性を建言している。彼によれば、上院・下院・府藩県議院などを設立するというのである。

上議院と下議院

　上議院は華族議院であり、刑律未定のもの、および和戦の大事を議するものとし、下議院は士民議院であり、大蔵会計定額外の国費・国債の事を議するものと各々区別して、任期を四ヵ年、公選によるものとした。明治四年一月三十日、三条実美は書簡をもって華族議事院取調べをいそがせる内容を江藤に書き送っている。

府藩県議院

このように在野の立憲思想家たちとともに政府部内にあって江藤は立憲政治を強く主張しつづけていた。江藤は三権分立を唱え、上・下議院のみならず、府藩県の議院をも考え、地方自治制の基礎を設定しようとしていたことは、立憲論の中でも出色《しゅっしょく》あるものである。

佐賀県権令岩村高俊

一方、江藤らは愛国公党を組織して、国会開設をよびかけた。しかしながら愛国公党設立直後、郷里の征韓党の招きに応じて佐賀に向っていたのである。

大久保と岩村高俊

一月二十八日には佐賀県権令の内命が岩村高俊(通俊の弟)に下った。しかし士族の動揺を察知していたので現地になかなか赴任しなかった。そこで大久保利通は岩村の赴任を促がし、軍隊を派遣して鎮撫するように、陸軍省にも連絡をとっている（『大久保利通文書』二月四日）。

県官脱走

佐賀における征韓論は旧弘道館を本拠として、県官までもこれに参加し、二月五日には参事以下五名は報告のためと称して小倉方面に出張し、庁内は騒然となり、当時百三十名内外の県官中、庁内に残ったものはわずか五名であったと県官吉田政義は『官員履歴』に報告を書いている。

岩村高俊権令は赴任前であり、県官たちがこのような有様では、県治体制は全滅にひとしかった。

憂国党と小野組

士・卒の給禄処分についても前年から動揺をみせていたが、佐賀城南の宝琳院《ほうりん》に集結、鹿児島の島津派とつねに連絡をとり、封建制への復帰を主張、憂国党（宝琳院派）と呼ばれ、『大隈文書』（A二二八）によると、政商小野組（商会）を襲撃し、金品を強奪している。県官藤井権少属も同じころ長崎銀行(小野組本店)に家禄償還のための三十万円を融資依頼に長崎に行き、佐賀出張所が襲われたことを知った。

従来、小野組襲撃事件については征韓論者が行ったものとされてきたが、『県庁文書』『大隈文書』などで、家禄処分を中心の課題とする封建論者である憂国党であったことが明らかになり、憂国党の封建論の基底には、士族の経済生活の窮乏という原因が認められる。

中立派

当時、この征韓党・憂国党の両党派の外に、攘夷論党(宗竜寺派・前山隊)とよばれる中立派もあった。これは中立というよりもむしろ、政府派であった。長崎県士族、元佐賀藩権大参事前山清一郎の指揮するところであった。

三党合併か

福岡県権参事から大久保・大隈に送った電報によると、これらの三党派は一時合併するかと危ぶまれる状態であったが、結局、中立派は政府側の鎮台兵と行動を共にしたのである。

征韓派の武器・弾薬は鎮台兵にも勝るとも噂されるほどであったが、「征韓党結党趣意書」（『大隈文書』A二五二）によると、朝鮮出兵の際にそなえ、武器を充実しうる確証を表わすためだと説明し、旧鹿島支藩の征韓論者は、出兵のための武器として集めたものを、反政府的な暴動には使用できないという立場を表明している。

県側は征韓党（憂国党を誤解していた）がむしろ尖鋭化していたとみており、同じ士族窮迫に根ざしながら一方は政治的（外交）理由を表面に出し、一方は経済的要求を積極的に表面化していたのである。そして政治的立場に立った征韓党も征韓論分裂後は藩閥専制政府そのものに反対派的抵抗を示すものとなるが、経済的要求にもとづく憂国党は、根強い反抗を示していたと考えられる。

いずれにせよ、徴兵令・家禄奉還と、社会的にも経済的にも、旧武士の立場は失われていくのであり、歴史的に保守的な、封建色の強い佐賀・鹿児島などにおける不平士族のたどるべき道であった。

佐賀暴動に際して三条実美・岩倉具視・大久保利通らの政府要人たちは、反政府運動の源として佐賀を注目し、その鎮圧にあらゆる努力を惜しまなかった。

大久保の西下

大久保は自身で佐賀鎮定に出向く覚悟をしていたが、内務卿の重職にあったので軽挙することを慎み、岩倉・木戸らに相談し同意を求めようとした。彼らの目的とするところは、「政府の気力」をあくまで表明し、「政府の威権」を示すことにあった。結局、大久保・木戸の会談によって大久保の西下が決定され、木戸は大久保の留守中、内務卿を兼務することになった。

この大久保が九州鎮定に直接出向いたときから、大久保の政府内における地位は確固たるものとなり、征韓論を一身にうけてこれを退けた岩倉は、むしろ後退していった。

大久保の独裁

彼らといえども本質的には国権主義的征韓論者であり、ただ目前の方策として、旧藩主ならびに士族層の反政府運動を挫《くじ》くことに目的を置いたにすぎない。そして三条・岩倉を背景に、大久保の独裁が踏みだされたのである。

大久保は西郷とも、島津久光とも対立関係にあった。これと同じような対立関係が佐賀に関してもあった。

大隈と地主

加地子田処分の問題にからんで、大隈と地主たちが対立し、家禄処分についても、士族たちは、県令(岩村通俊)を通して大隈と対立関係にあった。佐賀の乱前夜においては、大隈―岩村通俊のラインで政策をすすめ、佐賀の乱は大久保―岩村高俊のラインで鎮圧された。当時、政府高官の腹心が特命をうけて任命され、地方政治にあたり、中央の専制政治に結集していくことが行われていた。

征韓党の結集

征韓論が分裂して以来、鹿児島や佐賀の地方では、士族たちの間に議論が激しく闘かわされ、朝鮮出兵が実現される時には先鋒となって戦いにのぞもうとして武器・食糧を集めるものもあった。

鹿児島では時機がまだ早いという意見が強かったが、佐賀地方では激昂《げっこう》した士

憂国の島義勇

島　義勇

族たちが六年十二月二十三日、征韓党を結成していた。そして代表が上京し江藤・副島らと相談して、二人に佐賀に帰って指導してもらいたいと要請することを決議した。

宝琳院に集結した憂国党は、島義勇を首領として招請することをきめた。両者の代表はそれぞれ上京して説得をはじめた。

江藤は佐賀に帰り同志の指導にあたることを決心して、十二月二十八日、病気保養を理由に、「御用帯在」を免じてもらい、帰県しようと辞表を提出した。太政官の許可が正式におりる六日前、明治七年一月十三日には帰郷の途についていた。副島種臣は同様帰県することを政府に申請したが許されなかった。

林有造

赤坂喰違の変

林有造（土佐藩士、外務省出仕、岩村通俊の弟、岩村高俊の兄）は、征韓論に同調して辞職、江藤らとともに西下したが、そのときの事情を『旧夢談』に、

余は横浜に至り、汽船に塔《とう》するや、江藤氏らまづ在りて面会す。その他、余と同時に鹿児島に赴くもの、薩人海老原《えびはら》穆《ぼく》、若松県永岡某、青森県杉山某・田中某、因州人松本某らにして、時に明治七年一月十三日の事なりし。かくて、同十五日、神戸港に着せしに、人員検査はなはだ厳密。余その何故なるを知らず、これを問へば、前夜東京喰違《くいちがい》にて岩倉公を暗殺して脱走せしものあるによれりと。余は上陸後に樺山らの諸人と大阪に至り、江藤氏らは余らと神戸より別れて佐賀に帰る。

とのべている。江藤は伊万里に上陸、嬉野《うれしの》に宿をとった。同行していた江藤の門弟、香月《かつき》経五郎を佐賀に向かわせて情勢をさぐらせた。香月は二－三名の同志とともに嬉野の江藤のもとに帰って来た。

江藤の帰佐

佐賀の形勢をくわしく説明してもらい情勢を分析して江藤らは佐賀に向かった。『大隈文書』によると、この嬉野の温泉宿にも政府の密偵が尾行して来て、当時の様子を報告しているが、興奮している門弟たちに、江藤は落着いた態度で諭していたという。

深堀に寄留

佐賀に帰ったときには、情勢はすこぶる危険な状態であった。なかには、江藤を暗殺しようとする者がいるとの噂も流れていた。

そこで江藤は深堀《ふかぼり》（長崎県長崎市）に一時身をひそめた（二月四日）。二月九日には長崎に行き、ふたたび林有造と会っている。林の『旧夢談』の一部を要約すると、「長崎で江藤に会ったとき、西郷は決して立ちあがらないと忠告したけれども、西郷が起たなくても土佐は佐賀の態度・行動に応ずるものと信じているらしいので、時機がまだ早いので自重した方がよい、一県のみ軽挙しても、他のはなれているものが応ずるとはかぎらない。兵を動かして数日たっても呼応しないものは決して同志

一県のみ軽挙

と思ってはならない、と忠告したが、聞き入れなかった。」といっている。

やがて二月十一日、東京より島義勇が長崎に着き、江藤が面会して帰県の主意を尋ねたところ、三条実美の内命をうけ、佐賀憂国党を鎮撫するために来たことを知った。

岩村権令と軍隊

同時に、岩村高俊権令が下関で上陸し、長州の軍隊を借りて佐賀に向う様子であるという噂も島から聞いた。江藤は島と熟議したが結論は得られず、とにかく佐賀へ帰ってから相談しようと話し、その日のうちに島は佐賀に向い、江藤も翌十二日佐賀に着いた。

佐賀町（佐賀市）では、鎮台が反政府派を鎮定のため攻撃して来るということで大騒動であった。征韓党の幹部が同日夕方、江藤とともに議論をたたかわし、なかなか結論が出ないので、江藤は「鎮台兵が、一つの布告もなしに、佐賀に入城するようならば、許すことはできないし、それを許すことは自殺に等しい」と発言したところ衆議は一決して、「戦に決するの議」の草案を満岡《みつおか》勇之助に命じ、木版刷にして配布し、征韓党の本部を旧藩校弘道館から川上村実相院(現存)に十四日夕方移した。その翌十五日朝、鎮台兵は筑後川下流の早津江港に到着し、佐賀城へ入城したのである。

鎮台兵の入県

深堀・長崎に立ち寄ったときには、江藤はむしろ戦いに対して消極的であったが、島の長崎への着港と同時に積極的に戦意を抱きはじめたのである。林の『旧夢談』によると、江藤は林に向かって、「岩村高俊君は貴君の令弟である。地方長官が、行政官として軍隊を引きつれて任地に赴任するとは何事であるか。軍隊を動かすならば、陸軍省の指揮によるのが正しい。天下の識者が笑うであろうし、外国の軽侮を受けても仕方がない」といっている。岩村権令が軍隊を動員したことが、彼を憤慨させた原因であった。したがって、その軍隊を、「朝廷え御届書」の中でも、「暴兵」と呼び、「無識の士民に至るまで忠憤にたへず」として、

『旧夢談』

鎮台の暴兵

「肥後鎮台兵」は佐賀城中の金品を「盗取」ったといっている。

江藤が長崎に向かった二月九日、福岡県権参事は大蔵・内務の両省宛に電報を送った(『大隈文書』)。「佐賀県征韓党ハ元学校ニ、封建党ハ宝琳坊ニ屯集《とんしゅう》、合セテ人数二千五百バカリ。別ニ攘夷論ノ党アリ。マタ佐賀参事、五日夜三瀦《みずま》ニ至リ、三潴権参事ト昨日馬関ニワタル由。当県静カナリ。」

『大隈文書』の電文

この佐賀の森参事も山口県下に至り、大隈宛に電文を送っている(『大隈文書』)。「去ル十四日、白川ノ鎮台兵一大隊ヲヒキイテ、岩村権令佐賀ヘ入ルツモリ。僕モマタ、小倉ニテ兵ヲ作リ佐賀ヘ入ルツモリナリ。」

また福岡県権参事から、「十五日夜、熊本鎮台、半大隊、海路ヨリ佐賀県令警備ニテ城ヘ入リ込ム。貫属四方ヲ囲ミ、戦ヒ始ム。鎮台進退窮マル。陸ヨリハ未ダ着カズ。マタ大久保卿ヲ待チ居ル処、時宜ニ依リ処分致ス。此ノ旨御届オヨブ。」と東京出張所宛電報を送っている(『大隈文書』)。さらに十八日、小倉県権令小幡高政より大蔵省宛に、「森長義（参事）ハ当時山口ニアリ、未ダカヘラズ。岩村権令去ル十四日鎮台兵二中隊ヲ以テ、海路ヨリ佐賀ヘ入ル。ソノ夜貫属襲撃ス。鎮（台）兵退散。十六日暁、県庁焼亡。権令ノ生死案ズ。」と電報し、佐賀県参事は十八日になっても山口から小倉に至っていない。以下、『大隈文書』（A二二七）の電文によって戦況を概観すると、十九日午前福岡県山根権参事より内務省宛のものに、

戦況の概観

佐賀県庁並ビニ廓内大半焼ケル。権令、鎮台兵共本丸ニアリシガ、昨十八日午前十時頃、暴徒ノ囲ミ脱シ、午後三瀦ニ着ス。コレヨリ先、熊本本営ノ兵、筑後府中ニ止マリ、進ミ得ズ、依ツテコレニ合ス。東京ノ兵、未ダ着カズ。

政府軍不利

佐賀守備ノ兵モ強シ。当県用意ノ器械（武器）乏シク、カツ熊本鎮台約ヲ違フ故ニ、大阪鎮台ニシバシバ器械ヲ乞フ。取リ合ハズ。願ハクハ、政府各鎮台ニ地方官ノ求メニ応ジ候様、沙汰アリタシ。

とあり、地方官と鎮台との連絡が円滑《えんかつ》にいかず、佐賀地方は一応反乱軍の手中に

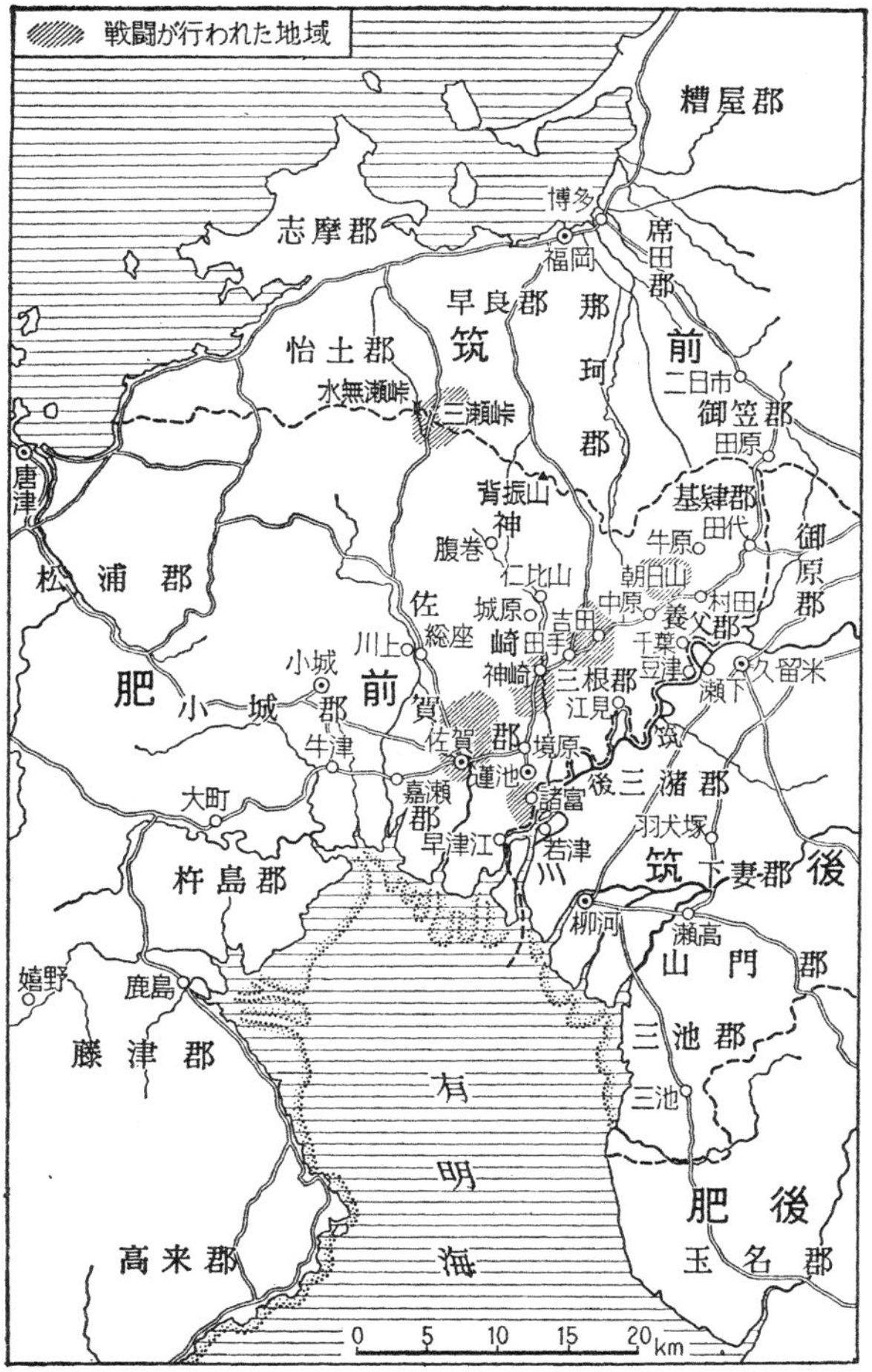
戦闘が行われた地域
糟屋郡
博多
福岡
席田郡
志摩郡
早良郡
那珂郡
筑前
怡土郡
二日市
御笠郡
水無瀬峠
三瀬峠
唐津
田原
背振山
基肄郡
腹巻
牛原
田代
御原郡
松浦郡
仁比山
朝日山
城原
吉田
中原
村田
養父郡
川上
総座
田手
千葉
神崎郡
三根郡
豆津
久留米
瀬下
小城
小城郡
肥前
佐賀郡
江見
牛津
佐賀
境原
蓮池
三潴郡
大町
嘉瀬郡
諸富
羽犬塚
早津江
若津
筑後川
杵島郡
下妻郡
柳河
瀬高
山門郡
嬉野
鹿島
三池郡
藤津郡
有明海
三池
肥後
高来郡
玉名郡
0 5 10 15 20 km

佐賀の乱の戦闘図

落ちた感がある。同日午後八時十五分、福岡に到着した大久保内務卿より正院に報告があった。

午後四時、福岡ニ着ス。進撃ハナヲ報知スベシ。

翌二十日午後八時、野沢少将より大隈宛入電があり、

諸兵皆着ニ付、今日ヨリ進軍ス。

二十一日、大久保内務卿も本省宛打電し、

昨夜八時二大隊ト砲兵ト共ニ、三口ヨリ進軍、本軍ハ田代口ヨリ攻撃ノハヅ。

と報じ、また同日、正院に対しては、

正院ノ巡査六十名、早々長崎ニ向ケ、確カナル警視ヲ添エテ、御遣シ下サレ。

と要求している。かくて暴乱は政府軍の到着とともに本格的な戦闘となったのである。海軍も、長崎・伊万里に軍艦を進め、政府は一挙に鎮定を計った。このようにして戦闘は政府軍に有利になり、大久保は三月二日、本省宛に、

佐賀平定

佐賀県平定、三月一日入城セリ。

と打電した。

『大隈文書』(A三三)『ジャパン＝ウィークリー＝メイル』第五十三号(明治七年二月二十八日付)によると、今度の佐賀の乱に関して、世間にはさまざまな流言がとんでいるが、たとえ民間の「私報」であっても政府の「公報」にまさるものもある。政府も今回の騒乱についてその内容をできるだけ広く報道するほうが政府にとっても有利である、と論じている。

政府の秘密主義

この点については、政府は秘密主義を

佐賀城本丸城門（佐賀の乱の弾痕が残っている）

とり、『太政官日誌』明治七年二月十七日、第二十二号達書《たつしがき》に、「今般、佐賀県下動揺につき、鎮圧のため出兵仰せつけられ候に付きては、軍事に関係の件、諸官庁より新聞紙え掲載いたさせ候儀、一切禁止候条、この旨相達し候こと。」とあるように、軍事上の機密として新聞に報道することを禁止していたことをいったものであろう。

以下、外国新聞（『ジャパン＝ウィークリー＝メール』）が第三者の立場に立って佐賀の乱を観察しているところをうかがってみる。

七年戦役記念碑

「時勢論」

「時勢論」と表題して次のような点をあげている。

一、政府は外国新聞に掲載された公正な記事によって「事実ヨリ生ズル議論ノ正確ナル者ヲ知」る必要があり、そのことが政府のためにも有利であること。

佐賀の乱の原因

二、乱の原因として第一にあげられることは、武士の社会的・経済的地位が失墜したことである。第二に征韓論であるが、この原因を日本の西南地方にのみ関係する問題とし、口実にすぎないとしている。第三には家禄奉還に対する旧武士階級の不満が乱の根本原因であるとしている。

島津久光の動静

三、この乱が全九州に及ぶという噂があるが、島津久光が反乱をおこさない限り、鹿児島・熊本にも暴挙はおこらない。

以上のように、外国人の眼にも、島津の行動は注目され、家禄奉還を全国的な士族反乱の要素と認めている点などは正しい。

また農民層については、「農民についてはあまり問題はないが、反徒には参加しなかったものの、政府の重税など、新政策に対して反感をもち、幕藩時代を慕う気持が充分はっきりしている」などとある。

農民の反政府的感情

政府部内に対しては、「内閣中の主要人物が自分の反対意見の者に対してあまりにも排他的である。人心を失うのは、まわりの人から畏敬されるのをよいことにして、頑固に自説をまげようとせず、有司専制の態度をとるからである。そこで異なった意見は圧迫されて言路はふさがれてしまう」と批判している。また政府の乱にのぞんだ真意として、「政府はこの乱に勝たなくてはならない。政府はこの暴動を征服することができる軍事力を明らかにして、以後の反政府的暴動を防止しなくてはならない」とのべている。

地方官の失政

さらに地方官・政府の失策を非難して、「地方官の態度・処置は、きわめておくびょうで信念がなかった。反乱軍が江戸に来て、不満の意をのべようとしたのを拒否して、治安が維持されなくなると、自分から遁走してしまう始末である。

よほどの有能な者に政治行政を託さなければ、老練な島津久光らの保守的な政府改造論者たちの批判したような事態になるだろう。今度の乱は、もともと政治上の争いから起ったものであるが、結局は軍事力によって弾圧することができるだろう」といっている。

軍事力によって弾圧

以上のように、外国新聞を通してみた佐賀の乱の姿が、今日の我々が観る公平・公正な乱の評価と一致することを見いだすのである。もちろん外国人の眼に映じ、判断したものであるところから、詳細な本質的な判断においては不充分な点もあるが、政治上の問題も暴力対暴力で弾圧できると当時の政府ならびに政治を評している点など、大局的に概観するところは誤ってはいない。

佐賀勢の敗北

乱は前述のように政府軍の圧倒的な量の優勢により佐賀勢の敗北に終り、江藤・島をはじめ、その幹部連は南九州に逃がれ、また四国へ逃がれた。政府は海軍を動員してその探索にあたり、四月になって鹿児島および高知県下において江藤らを捕縛した。その逃避行を詳しく述べるまえに、乱の収拾について概観する。

臨時裁判所設置

政府は事件の処理にあたって佐賀県に裁判所を設置した。

内閣総理府所蔵の『太政類典』によると、三月十六日佐賀県権令より内務卿宛に出した伺書に、「県内はおおよそ鎮まり、民心も安定したが、戦火にいためつけられて疲弊《ひへい》している。その上、戦争のどさくさに強盗が出没して良民を苦しめるようなことも心配される。ついては、当県下に裁判所を設置し厳正に法令を施行したならば、民政も支障なく行われるだろう。このことは当県に出張している司法大判事河野敏鎌《とかま》とも相談し、同官からも申請するはずである。至急御評議願いたい」とあって、裁判所設置を申請している。河野大判事も内務卿宛に同月十四日に上申している。これらの進言によって、大久保内務卿は三月十七日、伺を提出し、四月五日には司法省へ達し、同日佐賀県に対して裁判所設置を通達した。

民政の安定

ここに佐賀県臨時裁判所設置が確定した。県に対する通達にもあるとおり、行政機関より聴訟・断獄・検事事務が司法省に引き渡され、臨時裁判所が設置されたことは、政治上、佐賀の乱を論ずるのに意味があるばかりでなく、司法権の独立への過渡期において、法制史上、興味ある問題である。

司法権独立への歩み

しかしながら、乱における国事犯としての処断については大久保利通に全権が委ねられていたのであり、臨時裁判所は、県官の進言にもあるように、賊徒処断後の佐賀地方の治安・秩序の維持がその本務とするところであり、法制史上の意義が大きい。

大久保の全権

『大隈文書』や『大久保利通文書』にあるように、太政大臣三条実美は大久保に佐賀鎮定に際して六ヵ条のことを委任している。鎮台兵の兵力を使用し、県官に対する命令権から、県官の任命権、凶徒の処分においては死刑に処する点まで臨機の処置にまかせるというのである。これは戦いのはじまる前、二月十日のことである。

大久保の諮問

戦いの後では、『大久保利通文書』『内閣公文録』などによると、大久保は三月一日、佐賀鎮定に随行していた前佐賀県権令岩村通俊・元佐賀県参事、内務省六等出仕石井邦猷《くにみち》・内務少丞武井守正の三名に、事件後の処分について諮問している。

その諮問に対して翌日、三名から答申した内容が(『大久保利通文書』)、ほぼそのまま実行にうつされている。

答申は梟首

そのうち注目されるのが、「賊徒巨魁《きょかい》の者は梟首《きょうしゅ》」となっている点である。大久保以下、内務官僚によって事件の処理にあたり、岩村といい石井といい、事件以前から大久保の腹心として活躍していたものたちによって、このように処断されたのである。臨時裁判所の法廷で判決を下したのも、かつて江藤の部下であった司法大判事河野敏鎌であったことも江藤にとって皮肉な運命であった。

河野敏鎌裁判長

臨時徴募兵の手当

また「士民の兵卒」で軍務についたものに対する償金がその軽重によって与えられた。『大隈文書』によると「賊徒征討」にあたった臨時募集の士卒に対する仮渡金は一万四千三百五十円余であり、「取捨計算」によって実際には八千二百七十円余であるから超過分を返納するようとりきめられたが、隊長級の兵士らは四月三十日県庁へ出頭して、歎願し、返納することはできないと伝えた。五月二日には、隊士三百余名が県庁におしかけ、強硬に談判に及んだ。県の権参事は、「その状如何にも粗暴に候へども、これを発弾になせば前功たちまち水泡に属すべし」と判断して、説諭したが、その夜さらに隊士数十名が権参事の私宅におしかけ、また県令宅にも押しかけたが結局水かけ論に終り、退散したのである。翌日隊長四名を呼びだし説諭したが、兵士たちはなかなかききいれなかった。士族群の行動を評して「衆力をたのみ、県庁を圧制するの勢ひなり」といっている。ふたたび「邏卒《らそつ》」か「鎮台兵」を出動させなければおさまらない形勢だったという。

乱の再燃

最後には大蔵大丞の出張によって結末をみたのであるが、佐賀の乱に引続く士族群の抵抗が別の形であらわれ、乱の前後を通じて政府・県側は多事多難であった。

「老幼廃疾援助」は後まわしにして、対士卒の慰撫、病院を建て「正賊を分かたず厚く瘡痍《そうい》の治療」を施すこと、兵火に災害をうけた一般民衆に救助金(十円以下)を与えることなど、すべて乱そのものの後始末が山積している有様であった。

乱後の賞典

乱において功績のあったものに対する賜金について、『百官履歴』下巻(一九五)の前山清一郎の項に、「県下暴動の際、大義名分を失わず、賊中に孤立し艱苦奮励、官軍に従い攻戦したことはまことに賞すべきことである」として金八百円の賜金を受けていることが記載されている。これは明治九年四月六日に行われた賞典に

破格の賞典

よるものであるが、その賞典が破格のものであることは、他の功労者と比較してみることによってはっきりする。すなわち、内務省六等出仕石井邦猷は百五十円であり、佐賀県権令岩村高俊が七百円、権参事野村維章《これあきら》が百円、乱後五月からの

県令北島秀朝が三百円であった。

宗竜寺派（中立派）

前山清一郎の指揮した宗竜寺派（中立派）は、「勤皇派」とも「大義名分派」ともよばれ、佐賀町（市）の宗竜寺に集結したのでその名がある。

正義隊

『大隈文書』によると、最初は四百人ほど結集していて、征韓・憂国の両党に、決して妄動《もうどう》しないようにと忠告したけれども相手にされず、熊本鎮台兵と合流するため諸富《もろどみ》から大川（福岡県下）に向う途中、二百人ほど逃亡し、反乱軍に加わったり、東京へ向うものなどがあらわれ、百八十人ほどに減り、熊本の兵力とともに久留米で大阪鎮台二大隊と合流、「正義隊」と名称をもらい、佐賀へ向けて攻撃に参加したのであった。

この前山隊は表面的に憂国・征韓二派と政治思想の表明のしかたは違っていたが、実質的（経済的立場）には、士族階層として共通の場に立っていた。従来の郷土史などでは、憂国党の立場を弁護して、前山隊を強く非難している。いわゆる時流にのった前山隊に対して、憂国党は藩を意識することにおいて、節操を持したというのである。

転身と変質

ともかくも士族階層の新時代における転身の度合いを認めなくてはならない。そこには進歩的な転身と変質があり、一方には保守的な抵抗があらわれる。保守的な態度（新しいものへの抵抗）も、むしろ消極的な保身の一つにほかならなかった。

徴募兵

前山隊よりも更にその転身の鮮《あざや》かなのは、官軍臨時徴募兵の場合である。思想的・政治的な深さをもたないで、便宜的に生活の糧《かて》を得るために応募した士族群であった。

そこで前にも述べたとおり、賜金・日当《にっとう》役料を請求するのに暴力に及ぼうとする勢いを示し、政府側としても、これまた軍隊と警察の力によって圧しようとさえ考えるに至るのである。征韓論者たちが、国権論的立場において、合法的に朝鮮出兵を実現させ、そのなかに士族の社会的地位を見いだそうとしたことよりも、本質的には積極的な態度で応募したのであった。それは当時の士族たちの社会的・経済的立場を端的に表現しているといえよう。

台湾出兵

征韓論を否定した政府でさえも、佐賀の乱の直後(四月)、台湾出兵を西郷隆盛の弟従道《つぐみち》のひきいる鹿児島の士族二百を中心に実行して、士族階層と妥協しなくてはならなかった。

地方官の地位

県庁の「官員」については前にも述べたが、百三十名内外の総数のうち、参事・大属以下二十三名については一応進退が明らかなので、百名内外の者は辞職・脱落したわけである。進退が明らかな者においてすら所信のない者が多かった。県官は、反乱士族に投じたもの、或いはただ単に身の危険を避けたものなどいろいろであったと思われるが、いずれにしても明治政府の下に自らの地方官としての地位に対して自信を生みだし得ていなかった。地方官においてもこのような状態であり、士族の最も順調な転身のコースであったと思われる彼らも、まだ不徹底な転身しか示さなかった。

政府要路人

官を得た者のうち、政府要路についた人々はまさしく時流にのった貴族的・超越的存在であった。朝意を背景に、専制的な寡頭《かとう》政治を遂行できた。そこにおいて藩閥的抗争と対在野士族施策とを問題として取り挙げることができる。懐柔策・弾圧策いずれにしても、軍事力（対外的国内的）の必要性に着目し、強大な指揮権と、徴兵令とを基礎とする形のものを求めることに急であった。

この乱を通じて、士族階層がはっきりと分解・転身をはじめたことは、明治前期における社会史の中で重要な時点をこの乱が与えたということができる。

乱後の県政

さらに乱後における県政の変化の実情と、一般平民層の動きとをみると、六年末からの凶作（災害の為）により、口米《くちまい》・反米《たんまい》（附加税としての課米で近世以来役料にあてる）を免除する運動を岩村権令から政府にはたらきかけているうちに、またしても六月に水害、八月には暴風雨と相ついで天災に見舞われる状態であった。

佐賀の乱の戦禍に前後して、県政・農政は困難な事態となって来た。戦禍に直接しては、仮県庁移庁の事が起り、庁中所有金が窮迫し、帳簿類の錯乱が甚しく、事務はおくれ、とどこおったのである。

北島秀朝県令

そのような混乱のうちに五月二十二日には新しく北島秀朝が県令となり、前任者岩村高俊より県治事務を引き継いだ。そしてこの戦禍と天災とに疲弊した状態の救済をしきりに内務卿・大蔵卿に進言している。

地方官会議欠席

この状態は翌八年までつづき、北島県令はその事務に忙殺され、八年六月二十日の地方官会議にも代理を派遣するほどであった。

地租改正なども佐賀の乱をはじめとする変動が多かったため、六年の地租改正条例公布以来、明治九年になってやっと着手することができた。

佐賀県庁総務課所蔵の『官省進達』によると、八年八月二十七日付で、当時の第四十六区（佐賀県小城郡）の士族二名と平民三名が惣代となって県令代理参事野

自明社

国民の不明・不開

村維章に立社願を出している。その名を「自明社」といった。

その「社儀」をみると、「弊政・威圧・抑制」によって人権が無視され、「国民の学識浅劣にして権理通義の何物たるを知らず、憲法制度が何の為のものであるかを顧みないことが原因」であるとして、「国民の不明・不開」を理由に、「政府の良否は国民の明・不明に関する」ものであり、「政府は人民の影響」であるとのべている。明治政府もこの「国民の不明・不開」を理由に、国民の「権義」を奪うのであるから、この問題を解決するのが急務であると論ずる。立社の目的は他ならぬこの「権理通義」を研究して、一般を啓蒙しようとしたことにある。当時の民選議院設立をめぐる論争や、地方官会議における議問審議の論点にも、「国民の不明・不開」が常に問題となっていた。そこで「自明社」としても、そのことを率直に認めて啓蒙運動を起そうとしたのである。

社名が示すように、「直誠忠実を本とし」（社則第一条）、社員は「倫理を破り国典を犯す者は衆議の上、直に放社」するとして、実力抗争のあとをうけて、反省再出発の態度で、合法的民権運動を推進しようとしていた。

合法的民権運動

この自明社の会議所を無量寺という寺院に定めているが、この寺院の住職山崎明晟《みょうじょう》は、佐賀の乱の際、指揮官として活躍して罰せられたが、檀徒の信頼を集め復職した人物であった（『官省進達』）。征韓論者の一部のものたちは、農民たちとともどもに、自明社の会議所、無量寺に参集したのである。

征韓論と自明社

佐賀の乱と自明社とは、征韓論の歴史的発展・変質を示す。士族群の政府に対する反対派的実力抗争は、合法的な民権運動へと発展し、単なる士族のためのそれではなく、平民も、ともにその運動に参加する平民運動への発展過程ともみられる。自明社が起ったことは、佐賀における征韓論の転換の一つであった。

地方議会の端緒

前にものべたように、七年一月には佐賀においても「公選民会」が作られ、地方議会の端緒《たんしょ》が開かれていたが、佐賀の乱とともに、議事所も、うやむやとなって、自明社による民権運動が一部発生をみたものの、明治八年十月十三日には内務卿大久保利通に対して北島秀朝佐賀県令から、このような結社を、「全国同一に御差し許しに相成り度し」と伺いを立てたが、問題にされなかった。一県令ですら「断然これを差し止め」ることはふたたび紛争が予想されるとして、消極的にではあるが認めていたものを、内務卿大久保は「詮議《せんぎ》に及ばず」としてつきもどしてしまった。

松田正久

しかしながら、明治十二年三月、自明社員の松田正久は県会に進出、のちに国会でも活躍したし、また十六年九月には同社員牟田《むた》義高も県会に登場している。

肥前改進会

さらに佐賀の乱で懲役三年をいいわたされた花房重治・横尾純喬《すみたか》・金原五郎太夫らは、自由党系九州改進党の結成をみた十五年には、佐賀改進会員となり、政治啓蒙運動に活躍し、それぞれ県会に進出している。

また懲役七年であった相浦肇《はじめ》は県立佐賀中学校の初代校長となり、同じく二年の刑であった満岡勇之助も教育者として活躍した。

以上の刑期をいい渡された者はみな征韓党であり、憂国党の人々は全く影をひそめてしまっている。

自明社や改進会に集まった、もとの征韓論者たちの合法的な穏健な政治運動は、事実上の佐賀における民権運動の一翼を担っていたことは疑いない。

征韓論の再燃

しかしながら一方では、十五年の壬午事変を契機として佐賀郡役所を通じて田中種審以下六名の士族と三名の平民が代表となり、義勇兵を集めて、朝鮮の襲来に備えさせて欲しいと願い出ており（『官省往復』）、征韓論はなお底流として残っていた。

民権運動の発展

ともかくも佐賀においては征韓党は民権運動へと発展し、憂国党は時代とともに消滅し、また国権論的な動きもいくらかは残ることになった。

佐賀の乱によって進歩的な政治思想が生まれ、幕末以来の自然科学研究（近代工業）と併行して、近代社会が現出されていくはずであったが、他方、保守的な割拠主義と、藩経営にもとづく近代工業技術が、廃藩とともに失われたことによって順調な伸展をみることはできなかった。

佐賀の乱は、征韓党の表面的抵抗理由よりも、大隈と旧藩在地士族群との対立、藩閥政府に対する、あるいは近代的郡県制度に対する抵抗を示す憂国党・士族一般の抵抗意識が底流となったものであり、農村社会の保守性をも吸収し、明治前期の世相を集中的に表現したと考える。

九　敗軍の将

江藤らの脱走

明治七年二月二十三日夜、全軍を解散した江藤は山中一郎・香月《かつき》経五郎・山田平蔵・中島鼎蔵・生田《いくた》源八らとともに、丸目村から鹿児島に向かった。

西郷に依存

島義勇の口供書（調書）によると、「二十一日になって、官軍がだんだん進撃してきたので、江藤は戦場に出発する際、戦いのことは自分に任せて安心していて欲しいといって戦場に向かったが、失敗に終り本営に帰ってきたので、諸隊の士気はまったく潰敗《かいはい》した。その上、江藤は鹿児島に逃がれて西郷に援兵を頼むつもりだといった。そばにいた副島義高は反対して、佐賀の平担部は地の利を得ていないから、山間部の川上に本営を移してはどうかと論じた。ところが二十三日夜本営を移転することにしていながら、江藤らは脱走してしまったことを翌二十四日聞いて大変驚いた」とのべている。

また江藤の口供書には、「二十三日、諸方面とも敗れ、どうしても防ぎ難くなったので佐賀城に敗走し、島・副島らと面会して敗戦を告げ、自分は鹿児島に赴き西郷に頼り援兵を請い、或は承諾しないにしても何らかのとりなしはして呉れるだろうと相談したが、その使者は憂国党から派遣したいというので、弘道館の征韓党本部に帰り、山中・香月らとさらに相談して西郷に依頼することに決定し、同夜右数人のものとともに佐賀海辺、丸目村から船に乗った。」とある。

使者は憂国党から

内容の点でいくらか違いはあるが、二十三日に脱走した事実は一致している。また西郷に依頼する点については、憂国党が反対したことも明らかである。憂国党島義勇は、鹿児島藩主島津久光と連絡をとり、封建体制への復帰すら考えていたのである。江藤脱走後は久光が鹿児島に反乱士族鎮撫の目的で帰っていると聞き、ただちに歎願書を久光に送っている。「父母墳墓の地を蹂躙《じゅうりん》」されることは

憂国党と久光

藩主派

傍観できないと歎いている。憂国党はいわゆる藩主派に属するもので、口供書にものべているが、「江藤とはもともと不和であり交際もしていなかった」状態になっていたが、時勢に動かされて征韓党と結んだのであった。しかし江藤が西郷や板垣を依頼しはじめると、島津久光が大久保や西郷と一致できなかったと同じように、島としても西郷と結ぶことは不本意であった。

島らの脱走

江藤も「島は赤心の士であるから城を捨てないだろう」とみていたが、島自身も「私においてはもとより城を枕にし、戦死の覚悟」でいたけれども、島津久光の西下のことを聞いて、早速、謝罪・帰順しようと歎願書を提出した。しかし、「王師に抗し軍門に降伏」すると書かなかったので、謝罪とは認められないでつきかえされた。そこで直接鹿児島に出向いて久光に歎願するために、三月一日夜、住の江から船に乗り、鹿児島に向かった。

佐賀の乱における反乱士族にこの二つの要素があったことは、乱の性格を知る上に重要なことである。また二つの要素のうちで、憂国党の藩主派的態度が、当時の士族階層のもっとも基本的な社会階級としての利害を代表していたものといえる。

藩主派と改革派

征韓党はいわば改革派の下級武士が多く、藩体制は克服していたものの、藩閥専制に対する反対で起ち上ったものであり、進歩的な政治思想をもってはいたが、士族意識まではぬぐいさることが困難であった。

反乱軍の歎願書

江藤らの脱走後も反乱軍は抗戦をつづけていたが、官軍の兵力が次第に増加するにしたがって佐賀城まで退き、籠城することになった。二月二十八日、官軍を支えることが不可能になったので歎願書を出したが、用語が不遜《ふそん》であると返えされ、大久保利通が蓮池に到着したので再び歎願書を出し許され、三月一日午前十時までに降伏する約束で攻撃を中止した。期限までついに降伏の答を送らなかったが、官軍は何一つ抵抗はうけないで無事城内にはいった。

この時、江藤も島も脱走後で幹部級のものはなく、雑兵ばかりであったことは官軍が不思議に思ったところであった。官軍としては、江藤・島の自決した屍をみるだろうと恐らく予想していたであろう。

脱走者の探索

この状態から早速、脱走者の厳重な探索がはじめられた。江藤については次のような人相書と写真を各地に配布した。

佐賀県士族　征韓党　江藤新平

右人相

年齢四十一歳

一、年齢四十一歳
一、丈高く肉肥へたる方
一、顔面長く頬骨高き方
一、眉濃く長き方
一、眼太く眦《まなじり》長き方

一、額広き方
一、鼻常体
一、口並体
一、色浅黒き方
一、右頬黒子《ほくろ》あり
一、言舌太だ高き方
　其他常体

宇奈木温泉

江藤は鹿児島の西郷宅を訪れたけれども不在であり、揖宿《いぶすき》郡山川村の宇奈木温泉に静養中であったことをやっと聞きだし、二月二十八日鹿児島を出発して三月一日夕刻、西郷宅に着いた。佐賀落城の日であった。

西郷と会見

江藤と西郷が如何なる事を話し合ったかは不明であるが、約三時間密談をとげてその日は別れた。

翌日、朝早くふたたび西郷を訪問して約四時間にわたって密談をつづけたという。

午前九時ごろには西郷に別れ、宇奈木温泉を出た。西郷の泊っていた宿屋の老女の実話といわれるものが伝えられているが、それによると、「始めは低い声で長々と話して居られたが、だんだん語調が強くなり、議論ははげしくなり、最後に西郷さんが、大きい声で、〝私が言う様になさらんと当てが違いますぞ〟とおっしゃった。」とあって、大分激論をたたかわしたようである。この西郷の最後の言葉が、どういう意味をふくんでいるかは推察することが困難であるけれども、江藤の今回の決断に少なくとも反対であったと考えられる。

西郷の反対

土佐の板垣に頼ろうとした江藤を止めたのか、大久保に油断するなというのか、どうともわからない。乱の前にも征韓党の幹部山中一郎が、やはり西郷を訪問しているが、西郷は時期が早いと同意はしなかった。

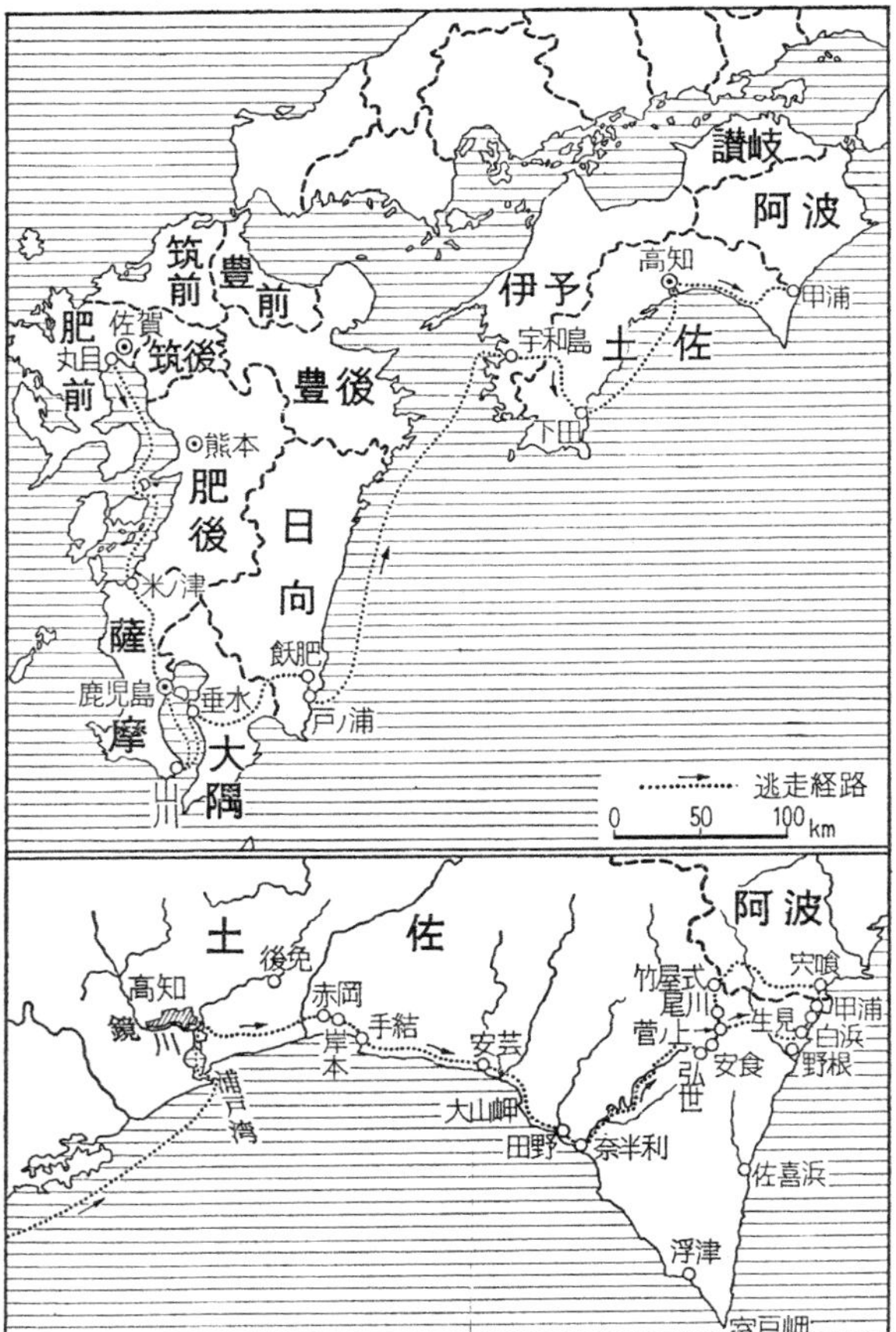
讃岐
阿波
伊予
高知
甲浦
宇和島
土佐
下田
筑前
豊前
肥前
佐賀
丸目
筑後
豊後
熊本
肥後
日向
米ノ津
薩摩
鹿児島
垂水
飫肥
戸ノ浦
大隅
山川
逃走経路
0 50 100 km
土佐
阿波
後免
高知
赤岡
手結
鏡川
岸本
安芸
浦戸湾
竹屋式
宍喰
尾川
甲浦
菅上
生見
白浜
安食
野根
弘世
大山岬
田野
奈半利
佐喜浜
浮津
室戸岬
逃走経路
0 5 10 15 20 km

江藤新平の逃亡径路図

西郷に面会して受け入れられなかった江藤は、さらに宮崎県を経て四国に向うのであった。

宮崎県から四国へ

江藤が西郷を訪問した目的は、恐らく西郷に助力をたのみ、失敗したなら土佐の板垣に、それも駄目なら中央にもどり、政府に働きかけようとしたであろうと思われるが、山中一郎の口供書には次のような重要な言葉がある。それは「西郷は江藤に、島津久光に頼むことがよかろうといったが、江藤は久光に相談することを喜ばなかった」といっており、また香月経五郎の口供書には、「西郷に面談して依頼したけれども、征韓の事については同志だが、官軍と交戦してしまったからには、周旋の仕様もない」と断わられたとある。軍事的な援助を依頼するとともに、政府に対する周旋のことも目的であったと思われるし、島津久光に頼ることが出来なかった江藤であった。

周旋不可能

島津久光への依存

実際、憂国党の中川義純・重松基吉らは、島津久光を訪問し、謝罪の周旋を願ったので、久光は大久保に交渉している。結局、大久保から一言のもとにはねつけられ、断罪にはなったが、江藤と島津久光、大久保と西郷と久光などの対人関係の複雑さが横たわっていたようである。

宇和島上陸

鹿児島から先の足どりは、江藤の口供書によると、三月三日、江口村吉と船田次郎をつれて、宮崎県の飫肥《おび》に行き、小倉処平《しょへい》の世話で漁船をやとって戸の浦から宇和島に向かっている。宇和島には、後から追ってきた、香月や山中も合流して、三月十五日午後四時ごろ到着した。その時の様子は、愛媛県権少属土屋正蒙・少属黒川勉の宇和島出張

新平が梟首された嘉瀬刑場

員二名が、同県権令代理江木参事に提出した報告書に、「船客上陸するや否や、船は出帆、上陸の内三名は袋町島屋に、三名は横新町吉田屋に止宿」したと宿の主人から報告を受けて、直ちに取調べたが、逃亡賊徒の確証がないので足止めをさせ、「百方取締り」を厳重にしたとある。

宿屋に抑留

翌十六日も足止めをしたところが不平をならべてなかなか承知しなかったらしいが、一応宿屋に抑留することになった。ところがその夜、その六名は衣類・手荷物を残し、買物をするふりをして逃走してしまった。十七日には県官が昨日とは別の三人組を発見、厳重に監視していたにもかかわらず、庭の木から塀に登って脱走してしまった。

林有造と会見

江藤らは高知城下に潜行して林有造・片岡健吉を尋ねている。

林有造の『旧夢談』によると、最初に征韓党の香月経五郎が片岡健吉を訪問し、片岡が林のところへ同道した。香月のいうところでは、「江藤氏は東京から西下

県大属の報告

の折、貴君（林）と別れて後、兵を挙げて敗れた。鹿児島から宇和島まで逃がれてきたが、政府の探索は厳重である。同行九人のものも、三人一組で三組に分かれて高知に向かった」有様であった。

林は「捜索がすこぶる厳重なので、諸君は必ず探し出される。この際、追われて逮捕されるより、自首した方が立派な態度だ」と忠告したので、香月も仕方なく「よく考える」と宿に帰った。宿屋に帰ると直ちに逮捕されてしまった。このことは、愛媛県から高知県に派遣されていた権大属岩田武儀《たけのり》の報告書によれば、「有造（林）より此の旨（香月らが訪問したこと）岩崎高知県令へ内密に急報した」といっており、林の説明によると、「香月たちのことはすでに県令は探知していたので、私は自首する機会を与えてやって欲しいと頼んだだけ」という。そのうち山中一郎らの組も逮捕されたと林のところへ報告がとどいた。

江藤もやがて林と面談、乱の模様を話したが、林は敬遠した態度であったから、

東へ潜行

江藤は高知には用はないと考え、ふたたび東へ潜行した。

三月二十六日の岩田権大属の報告書には、「江藤新平も当地において手がかりがついたので程無く逮捕できると思う。一昨夜当地に入り込んだようだが充分手配している。必ず逮捕することが出来ると思う」とあった。このように詳細に江藤らの行動がわかっていながら甲《かん》の浦まで逃げられたのは、板垣退助の実話なるものによれば、

板垣の実話

当時の高知県令は岩崎長武といって立志社派の人物であった。彼は江藤の境遇に同情し、江藤が伊予(愛媛県)より高知に入ったことを偵知したけれども、これを縛することは、彼の忍びざる所である。故に如何にもして官に自首せしめようとし、遠捲きにこれを追跡し、ほとんど逃がるるに処がないようにしたが、江藤は甲の浦から阿波(徳島県)に逃がれようとした。そこで岩崎も自分の職務上、已《や》むを得ずこれを捕縛するに至ったそうである。

ということであった。

甲の浦に出る

高知を出た江藤らは奈半利《なはり》村に出て山中を潜行して甲《かん》の浦に出た。この間にも、県官・副戸長などから江藤らの足どりは刻一刻、県に報告されていた。

甲の浦で逮捕

ついに甲の浦の戸長浦正胤に発見され、副戸長にあずけられ、副戸長浜谷清澄は次のような伺書をもって県庁に急報した。

長崎県産
当時岩倉殿内
山本　清　四十歳許
同　江川　十吉　二十七－八歳許
同人僕

藤田　善八
二十五歳許

右の者共、安芸郡松川郷安倉村通をもつて今午後四時頃甲の浦に参り込み候あいだ、佐賀県賊徒体《てい》の者につき、不審相立ち候ところ、岩倉殿より御内用相蒙り、佐賀・高知・鹿児島三県探索の為め罷り越し候段、申し出で候へども、確証これなく、兼て御布達相成り候江藤新平人相書に似寄りの者につき、留置これあり候あひだ、如何つかまつるべく候や、至急御下知相蒙りたく、此の段御届申上候なり。

明治七年三月二十八日午後六時

安芸郡第一・第二区

副戸長　浜谷　清澄

万事休す

万事休すである。江藤も今度は覚悟したらしく、翌朝、三条・岩倉ら宛の書簡を書いて戸長に依頼したところ、県少属細川是非之助らと立会いで開封すると紛れもない江藤新平であることがわかった。その文面は、

謹而白《つつしみてもお》す。私儀、自ら作《な》せる罪之」次第、及び一片ノ寸心、一応、殿下方」或は諸参議衆之内ヱ拝謁申」陳度《のべたく》奉レ存、先月二十三日夜」決意、豊筑路塞《ぶんちくじふさが》り候ニ付、薩」州ヱ参り、西郷江其旨《そのむね》申置、夫《それ》より」土州ヱ参リ路ヲ紀尾《きび》ニ取リ」東上之心得候処、土州取締」厳重、東上難ニ出来一、空敷《むなしく》」相止り申候。仰ギ願クハ東上」之路行、出来候様之御沙」汰被《くだされ》レ下候ハヾ、難レ有奉レ存候。」夫迄《それまで》、土州ニ相止り、其旨奉」レ待候。勿論前断之次第」及ビ寸心を申上候。謹而刑ニ」就《つくの》心得ニ而御座候。此段」申上度、如レ此御座候。頓首再拝。

第三月二十七日　江藤　新平

三条太政大臣殿

岩倉右大臣殿

木戸参議殿

大久保参議殿

大隈参議殿

大木参議殿

というもので、中央政府に直接働きかけようとしたものである。しかしながら彼の運命はすべて大久保利通の掌中にあったのである。

早津江へ護送

逮捕された江藤は、高知に送られ、高知県令から内務省七等出仕西村亮吉に引き渡し、猶竜艦《ゆうりゆう》という軍艦で、鹿児島に寄港し四月七日、佐賀早津江に到着した。大久保の日記によれば、四月七日に、「猶竜艦、江藤を始め九人の賊護送、早津江着船、西村出仕。岩村権令・三刀屋・永山・岸良等着。高知表捕縛の様子承る。五字（時）より中島鼎蔵糺明につき聴問として裁判所へ行」ったと記されている。そして反乱士族たちは監獄につながれてしまった。

臨時裁判所

政府は征討総督東伏見宮の解任後、江藤らの処分についての全権を出張中の内務卿大久保利通に委《ゆだ》ねた。県の権令からも要望があり、大久保は司法省に進言して佐賀に臨時裁判所を設置して戦乱の事後処理に当ることにした。

しかし、反乱士族の処分については実際上裁判所も意味なく、形式的におわっている。裁判所が実質的に目的としたところは、戦乱後の社会秩序を回復することにあった。

河野の審問

四月八日から司法権大判事河野敏鎌《とかま》が裁判長となり、江藤らの審問がはじめられた。

『大久保利通日記』に、

四月八日。裁判所へ宮へ随従、江藤の裁判を聴聞す。

四月九日。十字頃《(時)》より宮へ随従、裁判所に至り江藤其外の詰問を聞く、江藤陳述曖昧、実に笑止千万、人物推して知られたり。

江藤醜体笑止なり

四月十三日。今朝五時出張、裁判所へ出席。今朝江藤以下十二人断刑に付、罪文申聞を聞く、江藤醜体《しゆうたい》笑止なり。

とあり、二日間の審問が終った後、判決がいい渡された。

大阪行を希望

江藤があいまいな返事をしていたこと、判決のいい渡しにあたって江藤が動揺したということについては、江藤として、この裁判を態度をあいまいにして時間を引き延ばしておれば、やがて中央に送られて審理されると考えていたのではなかろうか。四国で逮捕された際にも、佐賀へ連行されるより、大阪へ連行されて、東上したいことをのべたが聞き入れられなかったこともあった。あるいはまた、臨時裁判所の性格が、軍法会議のような形であったこと、かつての部下河野敏鎌が裁判長であったことなども、彼としては不満であったろうと思われる。

判決のいい渡しに当っては、国事犯が、死刑に処せられることなど予想していなかっただろうし、河野の随員であった安居積蔵の実話といわれるものによると、

河野裁判長の実話

江藤は判決に対して、何事か反論しようとしたが、廷吏のために無理やりに引きもどされたことをのべ、また河野裁判長の実話として伝えられるものには、「山中・香月らの陳弁が明晰《めいせき》で男らしきに拘らず、江藤の弁論が曖昧模稜《もりよう》で毫も其要領を得なかったから、一時全く江藤崇拝の念を一変し、余は何故かつて江藤の部下になったかを自《みずか》ら疑った程であった。」とあり、後年になって「其生命さえ全うするを得ば、その屈辱を雪《そそ》ぎ、他日君国の為め大いに抱負を実行することを得るという大信念」が江藤にあったのであろうと後悔している。

大久保と河野

大久保利通の日記には、

四月八日。木曜。今日山田少将・岩村四等出仕、出省例の如し。河野大判事より擬律《ぎりつ》伺これあり。評定の上、宮え相伺ひ、御異存これなし。伺の通にて相下げ候。

とあり、さきに岩村通俊・武井守正・石井邦猷《くにみち》らから諮問に対する意見書を出さ

大久保の腹案

せ(三月)、いままた河野大判事から擬律案を受けとり東伏見宮の許可を得ているが、河野が提出した擬律案(断罪判決)は、すでに大久保の腹心岩村らの意見書にもとづいた大久保自身の意向を河野大判事には示してあったと思われる。臨時裁判所の名の下に大久保の独断によるものと考えられる。

『日本政表』

明治七年、制度局から出された『日本政表』によると、詳細は不明であるが、梟首《きょうしゅ》に処せられたものは全国で男十三名・女二名である。男十三名の内には、佐賀の乱関係の二名が含まれていると示してあるので、江藤・島の二名の他に男女あわせて十三名の処刑されたものがあった。明治十二年一月に廃止されるまで、梟首刑はかなり行われてはいたのである。

次に反乱士族に対する擬律案を示すが、この案は、審理に入る前から出来上っていたもので、しかもこの通りに判決され、処刑された。

擬　律

該犯《がいはん》、竊《ひそか》に禍心《かしん》を包蔵し、名を征韓に仮託して党与を募《つの》り、火器を集め敢《あえ》て官兵に抗敵し、逆意を逞《たくまし》ふする、首《しゅ》たるもの其罪の極まる、復《また》加ふべきなし。

除族の上 梟首　江藤新平（四十一歳）

同上の従たる者

除族の上 斬罪　山中一郎（二十七歳）

同　中島鼎蔵（二十六歳）

同　朝倉弾蔵（三十三歳）

同　西義質（三十八歳）

同　香月経五郎（二十六歳）

同　山田平蔵（三十一歳）

（懲役以下略）

梟首と斬罪

該犯、竊《ひそか》に禍心を包蔵し、名を憂国に仮託して党与を募《つの》り、火器を集め敢《あえ》て官兵に抗敵し逆意を逞《たくまし》ふする、首たる者其罪の極《きわ》まる、復《また》加ふべきなし。

除族の上梟首	島　義勇（五十二歳）
除族の上斬罪	副島義高（四十七歳）
同	村山長栄（三十歳）
同	福地常彰（四十二歳）
同	重松基吉（四十九歳）
同	中川義純（五十五歳）

（懲役以下略）

征韓の若さと憂国の分別

以上の名表をみてもわかるとおり、征韓党は青年層の理論家たちであり、憂国党は初老の旧守派たちであったことがわかる。

直正の意志

いわば旧藩主鍋島直正の意志を継ぐものであって、大政奉還前の佐幕的傾向を継ぎ封建復帰を願う人々であった。彼らの祖国は日本である以前にまず鍋島であった。封建国佐賀の最後の戦いであった。この点については征韓党にも藩意識は残っていたということが、江藤新平の孫に当る江藤冬雄氏（佐賀市万部島現住、新平の次男松次郎の長男）の語るところによれば、「征韓党は維新戦争に際する佐賀藩の立ちおくれを、この際とりもどすべく、朝鮮出兵が行われるときには、第一番に従軍しようと熱狂していた」とあり、充分想像されるのである。

実孫江藤冬雄氏談

乱が憂国党を主流とするところに発した点から考えても、また旧知事公（直正の子直大）の説得を期待した点からみても、鍋島直大《なおひろ》の動静が一応問題となるが、乱の当時、欧州に外遊中であり、直接その動きはなかったが、明治七年八月一時帰朝、再遊に際し墓参のため帰佐したとき、県令北島秀朝宛に書状を送っている（『大隈文書』A二五一）。

直大の衷情

それによると、「欧州再遊墓拝のため県下に立寄候ところ、当春暴動の末とかく折合つきかね、邪正弁別いたらざる間には悔悟せざるの者もこれあるやに承知、

大義名分

忠順な外交官

はなはだもつて恐懼至極《きょうくしごく》、よつて旧藩の情義により戸長の人、衆々相招き、懇《ねんごろ》に説諭を加へ、はたまた前山外数名えは、なほまた忠烈の志を励《はげま》し、始終一貫いたし候やう別紙のとおり相談し置候。」とあり、前山（中立派）外数名には、「大義名分を弁じきつと方向を定め、あまたの艱苦を凌《しの》ぎ官軍に応じ、尽力候段、実に奇特の至り、拙者においてもおほいに面目を施し満足ただならず候。」といい、戸長たちには「たとへ何らの名義、何らの論説ありといへども、畢竟《ひつきよう》朝憲を犯し王師に抗し候所業《しよぎよう》、叛賊の名のあがるゝに由なし」とのべて、祖先に対しても申し訳がないと訴えている。佐賀の乱の情報をきき、急いで帰朝したこともものべ、「拙者が兼ねて朝廷を尊奉する区々の衷情《ちゆうじよう》」を理解して欲しいと要望している。外交官として新政府に忠順な直大として、また西洋の事情を見聞し、進歩的・近代的政治様式を解する立場から、憂国党の旧藩主に対する表面的な「名分」はひとりよがりなものとして否定され、朝廷に対して恭順を示し、政府に対しては藩の存在を主張する反乱士族の矛盾、封建復帰の体制は完全に否定されたのであった。

嘉瀬刑場で梟首

かくて、明治七年四月十三日早朝、判決を言渡され、同日夕刻、城内で処刑され嘉瀬川堤の刑場で江藤らは梟首された。

梟首		二名
斬		一一名
懲役十年		六名
同	七年	一七名
同	五年	一八名
同	三年	六二名
同	二年	四七名
同	百日	一名
除族		二三九名

禁錮百日	二名
同七十日	三名
同四十日	二名
免　罪	一一、二三七名
総計	一一、六四七名
戦死割腹	一七三名
計	一一、八二〇名
内佐賀県士族	一一、七六九名
長崎県士族	四二名
宮崎県士族	一名

戦死割腹

『藩制一覧』

以上のような有様であった。『藩制一覧』によっても明治四年ごろ、佐賀本藩のみで士族は五二七三戸あり二三八二三名、うち男子一二〇七二名である。支藩の主なものとして小城藩が八三〇名、蓮池藩が八六五名であるから、士族のほとんどのものが参加した実情であった。古記録などには「少年隊」の名前も見える。まさしく佐賀戦争であり、政府として封建国佐賀を征伐した形であった。

新律綱令と改定律例

なお梟首刑について前にものべたが、『江藤南白』などに、「明治三年の新律綱領は六年六月に改訂されているから南白はその改定律例によつて裁判されるべきで、改定律例には梟首刑はなかつた」と書いているが、改定律例は独立した法律ではなく、新律綱領を修正増補するもので、両者は併行して行われていたのである。したがって江藤らの他にも、新律綱領にしたがって乱以外の者十三名が全国的に梟首刑をうけており、完全に廃止されるのは明治十二年である。

梟首刑の廃止

それはともかく人道的立場から当時問題になったことは、梟木にさらされた江藤の写真を撮影して市販されたことであった。政府としては写真屋の商売であり、関与していないというわけだが、当然これは禁止すべきであった。

二級の髑髏

『東京日日新聞』五月十八日刊、六九一号に、

頃日西国辺にて、江藤氏・島氏が刑に就きしに、その梟木に懸《かか》る二級の髑髏《どくろ》を写真して伝翫《もてあそび》するものありと聞けり。そもそもこれをなすものは何の心ぞや。二氏乱を唱へて、戮《りく》せらる。もとよりその分なり。しかれども、その前は国家の重臣なり。登庸《とうよう》や敗北や軽々に議する所ならず。邪蘇十字架の像と並べて見んとするか。然らばすなはち国家を辱《はず》かしむるのために似たり。到《とう》底《てい》誰をか辱かしめんとする。かくのごときものは、そもそも何の心ぞや。

と非難している。

本行寺墓地

江藤の墓は、明治十四年四月、副島種臣らの同志が、石碑を立て、佐賀市本行寺(日蓮宗)に改葬して現在に至っている。

佐賀の古老たちが「佐賀藩を賊軍が攻めてひどい目に会わせた」と語る言葉の中に、佐賀の乱の性格が、藩体制の最後のあがきであり、征韓論につながるもの

だけではないことを示している。

十　人間としての新平

新平の父胤晴（助右衛門）は郡目付のころ、陶器で有名な有田の皿山代官所を巡察した。代官所では胤晴を歓迎するために浄瑠璃《じょうるり》芝居《しばい》を上演することになったが、いよいよという時になって地方《じかた》を語るものに不都合ができてしまった。代官たちは大いにあわてたが、どうすることもできない。そのとき正客である郡目付、胤晴が、自分から進んで語り手を引受けた。ほっとした代官達役人の中にも、その気さくな目付の態度に感ずるものと、武士として軽はずみとの非難を向けるものとの両者があった。

こんなことから免職になった父が、母の実家の世話で佐賀町から数里もへだたった土地へ転宅することになり、その費用がないため、門前で家財道具をたたき売りしている姿は、十二歳の新平の眼にどう映ったであろうか。新しい土地（小城郡晴気村）で常識どおり寺子屋を開いた父であったが、あいかわらず、村民を集めて義太夫と囲碁に凝っていた。

寺子屋も名義だけは父が師匠であったが、実際には母が「水引き」を作る手内職のかたわら、教壇に立ち三十余人の子供達に手習いを教えていたのである。その中に新平や弟が、母を師として学んでいたという。

このような家庭環境にあって、貧乏と父の道楽とは、少年新平を内向的な性格に追いやった。さらに長子である責任感からも、読書・勉学だけに熱中し、母の助言で家事も手伝わないで勉強するようになった。「子を生んでも新平のような子を生むな」と近所の者たちからいわれたのもこの頃である。

何事にも相談できるのは母であり、将来を期して勉強だけに熱中させてくれるのも母であった。後年、世に出てからも母を大切にし、母を頼りにしていた。

貧乏なせいもあって、弘道館時代は「蓬頭粗服《ほうとうそふく》」で無口であった。ぼうぼうとした頭でなりふりかまわず、御殿女中などが冷やかそうとしても書物を手に声高く読みながら通りすぎるので「狂人」扱いされたということである。

成長してからも酒席や宴席に出ることを好まず、酒は飲めなかったのではないが、酒席で長尻りするものを極度に嫌っていた。

彼が学究的な性格を持つに至ったのは、先天的には父の生活にもとづく精神

新平の子新作の家族

左より，長女文千代(円内)・新作夫人春子・四女友千代・長男冬雄・夫人千代子・二男夏雄・三女朝千代・二女筆千代・故江藤新作(円内)

的・経済的な苦難の故に、内向的で一本気となり、すべてを勉学に集中し努力したことにもよる。

官にあっては法律・政治・経済と諸制度に卓見を示した彼も、家計を省みることは少なく、蓄財するところがなかった。『江藤家文書』にも後藤象二郎などに対する返債済の借金証文も散見する。妻の千代子は、俗にいう「押しかけ女房」であり、江藤は迷惑がっていたが、二十四歳の学究藩吏の将来を期して、厳然と動じないで賢女ぶりを発揮したという。妻は予測どおり、江藤

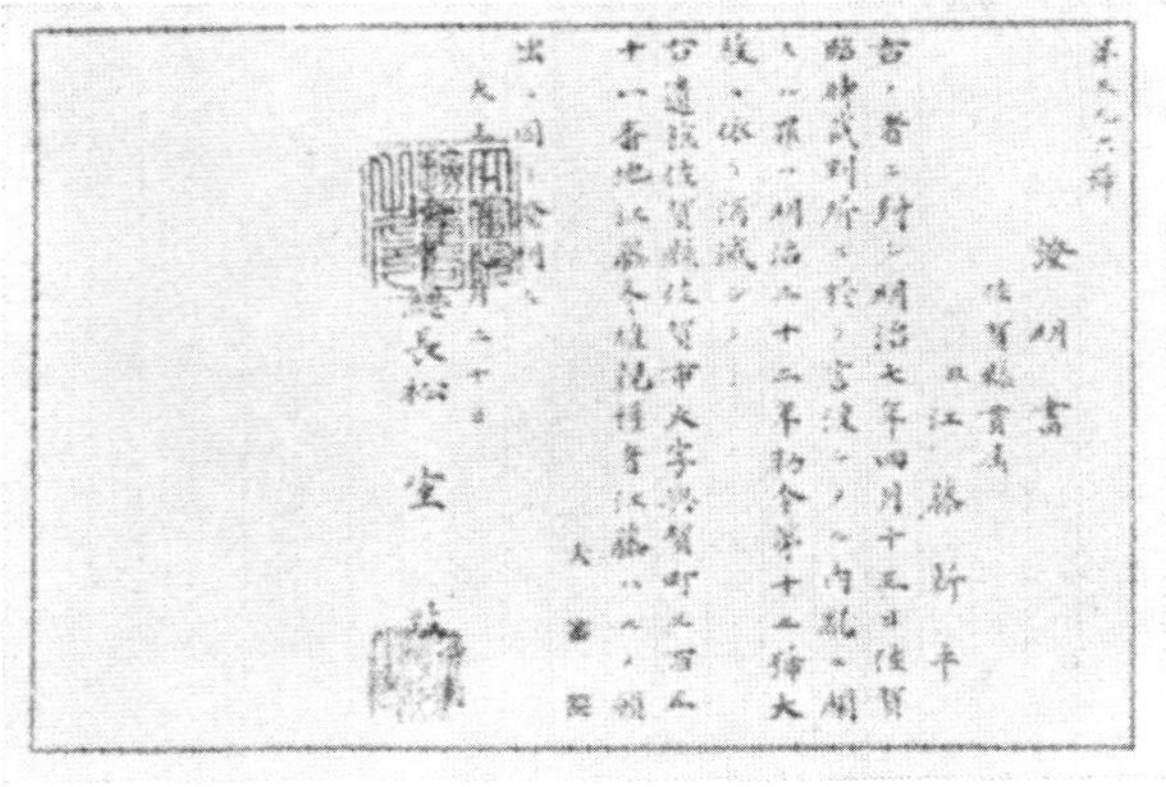

罪名消滅証

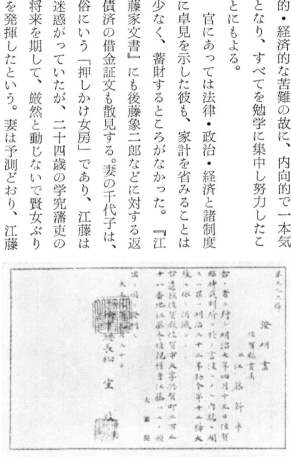

が明治になって中央政府の官吏・朝臣として昇進した頃を後年、「まさしく夢であった、芝居であった」と述懐していたそうである。

上佐賀《かみさが》代官手許《てもと》の役についたころ、長男熊太郎が生まれた。翌文久元年（一八六一）、初節句を迎えた長男を抱え、江藤夫婦は五月幟《のぼり》を買う金に困った。妻に白木綿を買ってこさせた新平は、染める費用もないので、自分で筆を握り、大書して立てたが、その幟は先き頃まで江藤家に伝えられていた。

明治三年正月以来、母と妻子は東京に住んだが、佐賀の乱以後、佐賀に帰り、母は新平の弟、源作から長崎に招かれて余生を送った。

妻千代子は乱のあと世間の冷たい眼に迎えられ、佐賀市東正丹小路《ひがししょうたんこうじ》に次男新作をはじめ三児をかかえ、苦境を切りぬけ、子供達を立派に育てた。明治四十四年に至って、夫新平の罪名も消えることに第二十七議会でとりあげられ、昭憲皇太后から御下賜金を受け、翌四十五年九月には新作の妻春子に対して罪名消滅の証明書が渡されたのである。これより先、新作は衆議院議員となり明治四十三年歿したが、明治七年以来、三十八年目にやっと江藤家には時ならぬ春が訪れたのであった。

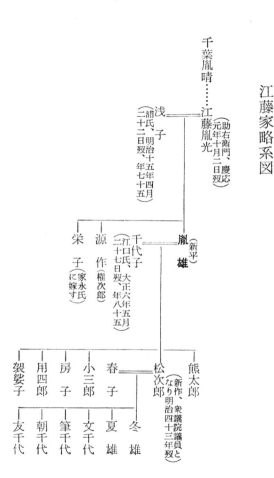

江藤家略系図

千葉胤晴……江藤胤光（助右衛門、慶応元年十月二日歿）

＝浅子（浦氏、明治十五年四月二十二日歿、年七十五）

胤雄（新平）

＝千代子（江口氏、大正六年五月二十七日歿、年八十五）

源作（権次郎）

栄子（家永氏に嫁す）

熊太郎

松次郎（新作、衆議院議員となり明治四十三年歿）

＝春子

小三郎

房子

用四郎

袈裟子

冬雄

夏雄

文千代

筆千代

朝千代

友千代

略年譜

年次	西暦	年齢	事蹟	参考事項
天保 五	一八三四	一	二月九日、肥前国佐賀郡八戸村に生まれた	仁孝天皇、将軍家斉、藩主直正○老中水野忠成死ぬ○水野忠邦本丸老中となる
八	一八三七	四	一月一七日、弟権次郎生まれる	二月、大塩平八郎の乱○四月、家慶一二代将軍となる○七月、堀田正睦老中となる○同月モリソン号事件
九	一八三八	五		大隈重信が生まれる
一四	一八四三	一〇	一二月四日、妹栄子生まれる	堀田・水野にかわって阿部正弘老中就任
弘化 二	一八四五	一二	小城郡晴気村に転住○弘道館に学ぶ	アメリカ・イギリス船来航
嘉永 元	一八四八	一五	加冠元服して胤雄と名のる	フランス船琉球に来航
二	一八四九	一六	弘道館書生寮に寄宿する○父、佐賀代官出仕	アメリカ船(長崎)・イギリス船(浦賀)に来る
五	一八五二	一九	佐賀町本行寺小路に転住○枝吉神陽に学ぶ	オランダ商館長、幕府に開国をすすめる
六	一八五三	二〇	「諭㆓鄂羅斯㆒檄」を草して攘夷論を唱えた	ペリー来航○プーチャチン長崎に来航

安政三	一八五六	三三	『図海策』を草し開国論を唱える	ハリス来日○堀田正睦外交主任となる
四	一八五七	三四	江口千代子と結婚する	ハリス通商条約をせまる○徳川斉昭引退
六	一八五九	三六	御火術方目付に任命された	安政の大獄処刑行われる○咸臨丸出発
万延元	一八六〇	三七	上佐賀代官手許に転任○長男熊太郎生まれる	桜田門外の変○五品江戸廻し令出る
文久元	一八六一	三八	竜泰寺小路に転住	ロシア軍艦対馬占領事件○外人殺傷
二	一八六二	三九	貿品方に転任○六月、脱藩して京都に向い姉小路公知を頼って密書を上奏する○佐賀に帰り無期謹慎となる	薩・長・土尊攘派の勢力京都を支配する○生麦事件○直正隠居、直大封を嗣ぐ○島津久光・鍋島直正京都に上る
三	一八六三	四〇	一〇月一七日、二男松次郎(新作)生まれる	薩英戦争○天誅組の乱○生野の乱
元治元	一八六四	四一	三月、小城郡大野山金福寺に移り、一一月、佐賀城南丸目村に住む○大病にかかり重態となる	禁門の変○第一回長州征討○四ヵ国連合艦隊下関攻撃○幕府の統制により輸出減少
慶応元	一八六五	四二	一〇月二日、父病死する	第二回長州征討○条約勅許○貿易伸長
二	一八六六	四三	一〇月六日、三男小三郎生まれる	慶喜、将軍となる○薩・長連合密約成立
三	一八六七	四四	一二月、謹慎を許され郡目付に任命される○同月下旬、京都へ上る	明治天皇即位○大政奉還○討幕の密勅、薩・長両藩に下る○「ええじゃないか」
明治元	一八六八	四五	正月、正士に昇進、禄二十石○江戸軍監に	政府、開国和親を布告○鳥羽・伏見の戦○戊

			任命され、江戸遷都を建議○五月一二日、江戸府判事・江戸鎮台判事として民政兼会計営繕の任にあたる○七月一七日、江戸は東京と改まり、鎮将府会計局判事となる○一〇月一八日、会計官出張所判事となる	辰戦役○五ヵ条の誓文○政体書発布○世直し騒動おこる○鍋島直正、京都に入り議定職に任命され、のち軍防事務局輔・制度事務局輔を歴任○佐賀藩は長崎警衛を免除されることになった
明治 二	一八六九	三六	一月、佐賀権大参事に任命され、副島種臣とともに帰佐、藩政改革に着手○終身祿百石、従五位、中弁となる○一二月二〇日夜、虎の門で兇徒におそわれる	版籍奉還○復古的太政官制○全国に農民一揆起る○公議所開設○函館平定○功臣の賞典行われる○京浜間電信開通○西郷隆盛も藩主の要請で参政として藩政出仕
三	一八七〇	三七	三月、房子生まれ、七月死ぬ○「海陸軍備方案」「国政改革案」「国法会議の議案」を起草し、議院開設・憲法制定を三条実美に提出した	集議院開設○奇兵隊の乱○新律綱領を頒布○樺太開拓使設置○平民に苗字を許可し士族・卒・平民の族称制定
四	一八七一	三八	二月、制度局御用係兼務○六月二四日、用四郎生まれる○七月一四日、太政官出仕、制度局兼務○同月一八日、文部大輔○八月四日、左院一等議員○同月一〇日、左院副議長○一二月八日、従四位となる	西郷上京○薩・長・土三藩による政府改革○四鎮台設置○司法省設置○廃藩置県○木戸・西郷参議となる○岩倉具視一行欧米派遣○日清条約締結○断髪廃刀勝手令

五	一八七二	三九	三月一四日、教部省御用係兼務○四月二五日、司法卿○欧州派遣の命をうけたが実現しなかった○五月、正四位となる	新紙幣発行○戸籍作成○京浜間鉄道開通○陸・海軍二省設置○土地永代売買解禁○学制頒布○太陽暦採用○徴兵令制定
六	一八七三	四〇	四月一九日、参議○六月、征韓論をとなえる○一〇月二四日、西郷・副島・板垣・後藤らとともに辞職	キリスト教解禁○地租改正○木戸帰国○征韓論分裂○農民一揆盛んになる○大久保利通内務卿、島津久光内閣顧問となる
七	一八七四	四一	一月一二日、板垣・後藤とともに副島宅で愛国公党署名式を行う○同月一三日、東京を発し帰佐○同月一七日、民選議院設立建白に署名○二月一五日、鎮台兵と交戦○同月二三日、佐賀を脱走○三月一日、西郷と会見○同月一五日、宇和島着○同月二四日、高知着○同月二七日、甲の浦で逮捕される○四月七日、佐賀に送りつけられる○同月八・九日、審問○同月一三日、判決言渡し、斬罪梟首	赤坂喰違の変○征台の役○大久保利通、清国と談判して五〇万両を収受して撤兵する○佐賀県に臨時裁判所を設置○府県長官を招集して衆庶に代って律法を議する○左院に国憲編纂係を設置○地方官会議を延期する○人民より政府に対する訴訟仮規則を定める○土地の名称を改定し、官有・民有の二種とする
明治四四	一九一一		三月七日、第二七議会において、衆議院より提出の、罪名消滅の事が万場一致で議決された○	

明治四五	一九一二	四月一三日、東京築地本願寺で奉告祭が行われた○八月三〇日、昭憲皇太后より未亡人千代子（当時七九歳）に御下賜金を賜わる 九月一二日、憲法制定大赦令によって、大審院検事総長より罪名消滅の証明書が遺家族に渡された

主要参考文献（史料）

『江藤家文書』　佐賀県立図書館所蔵

『大隈文書』（一巻―五巻は刊行ずみ）　早稲田大学図書館所蔵

『佐賀県議会史』上巻叙述篇・下巻史料篇　昭32　佐賀県議会史編纂委員会

『鍋島直正公伝』全七巻　大9―10　中野礼四郎・久米邦武編、侯爵鍋島家編纂所

『大久保利通日記』全二巻　昭2　日本史籍協会叢書

『木戸孝允日記』全三巻　昭8　日本史籍協会叢書

『江藤南白』上下二巻　的野半助著　大3　民友社

『南白遺稿』江藤新作編　明25　博文館

『文書より観たる大隈重信侯』渡辺幾治郎著　昭7　大隈伯国民敬慕会

著者略歴
昭和三年生れ
昭和二十八年九州大学文学部史学科(国史学専攻)卒業
佐賀女子短期大学教授、佐賀大学教授を経て
現在　久留米大学大学院比較文化研究科教授、
佐賀大学名誉教授、文学博士
主要著書
幕末維新史料拾遺　鍋島閑叟　佐賀県の百年

人物叢書　新装版

江藤新平

昭和三十七年四月五日　第一版第一刷発行
昭和六十一年三月一日　新装版第一刷発行
平成　十　年三月十日　新装版第四刷発行

著　者　杉《すぎ》谷《たに》昭《あきら》
編集者　日本歴史学会
代表者　児玉幸多
発行者　吉川圭三
発行所　株式会社　吉川弘文館
東京都文京区本郷七丁目二番八号
郵便番号一一三―〇〇三三
電話〇三―三八一三―九一五一〈代表〉
振替口座〇〇一〇〇―五―二四四
印刷＝平文社　製本＝ナショナル製本

『人物叢書』（新装版）刊行のことば

人物叢書は、個人が埋没された歴史書が盛行した時代に、「歴史を動かすものは人間である。個人の伝記が明らかにされないで、歴史の叙述は完全であり得ない」という信念のもとに、専門学者に執筆を依頼し、日本歴史学会が編集し、吉川弘文館が刊行した一大伝記集である。

幸いに読書界の支持を得て、百冊刊行の折には菊池寛賞を授けられる栄誉に浴した。

しかし発行以来すでに四半世紀を経過し、長期品切れ本が増加し、読書界の要望にそい得ない状態にもなったので、この際既刊本の体裁を一新して再編成し、定期的に配本できるような方策をとることにした。既刊本は一八四冊であるが、まだ未刊である重要人物の伝記についても鋭意刊行を進める方針であり、その体裁も新形式をとることとした。

こうして刊行当初の精神に思いを致し、人物叢書を蘇らせようとするのが、今回の企図である。大方のご支援を得ることができれば幸せである。

昭和六十年五月

日本歴史学会
代表者　坂本太郎

〈オンデマンド版〉
江藤新平

人物叢書　新装版

2020年（令和2）11月1日　発行

著　者　杉《すぎ》谷《たに》　昭《あきら》
編集者　日本歴史学会
代表者　藤田　覚
発行者　吉川道郎
発行所　株式会社　吉川弘文館
〒113-0033　東京都文京区本郷7丁目2番8号
TEL　03-3813-9151〈代表〉
URL　http://www.yoshikawa-k.co.jp/
印刷・製本　大日本印刷株式会社

杉谷　昭（1928～2016）

ISBN978-4-642-75032-5